PLAN
GÉNÉRAL ET RAISONNÉ
DU
MONDE PRIMITIF
ANALYSÉ ET COMPARÉ
AVEC
LE MONDE MODERNE.

PLAN
GÉNÉRAL ET RAISONNÉ
DES DIVERS OBJETS ET DES DÉCOUVERTES QUI COMPOSENT L'OUVRAGE INTITULÉ:

MONDE PRIMITIF
ANALYSÉ ET COMPARÉ
AVEC
LE MONDE MODERNE,
OU
RECHERCHES
SUR LES ANTIQUITÉS DU MONDE.

PAR M. COURT DE GÉBELIN,
De la Société Économique de Berne & de l'Académie Royale de la Rochelle.

A PARIS,

Chez
- L'Auteur, COURT DE GEBELIN, rue Poupée, Maison de M. Bouchet, Secrétaire du Roi.
- BOUDET, Imprimeur-Libraire, rue Saint Jacques.
- VALLEYRE l'aîné, Imprimeur-Libraire, rue vieille Bouclerie.
- Veuve DUCHESNE, Libraire, rue Saint Jacques.
- SAUGRAIN, Libraire, Quai des Augustins.

M. DCC. LXXIII.
Avec Approbation & Privilege du Roi.

A
MONSEIGNEUR
LE DUC
DE LA VRILLIERE,
MINISTRE ET SECRETAIRE D'ÉTAT.

Monseigneur,

Permettez que je fasse paroître, sous vos auspices, l'Ouvrage par lequel je commence une carrière aussi intéressante qu'elle est longue & pénible, & qui offrira à tous les Sçavans de l'Europe une riche moisson de Découvertes à vérifier, à

ÉPITRE

perfectionner & à faire. Le GÉNIE ALLÉGORIQUE *qui présida à l'établissement des Sciences & des Arts dès la plus haute antiquité, en est l'objet. Je ressuscite en quelque sorte son langage; je développe ces Emblêmes & ces Symboles ingénieux sous lesquels il proposoit les vérités les plus utiles & les plus consolantes: je donne l'explication d'une multitude d'objets dont on désespéroit de percer l'obscurité, & dont la connoissance aura les suites les plus avantageuses pour le progrès & l'avancement des Sciences.*

Si je me suis souvent félicité d'avoir fait des recherches de cette nature, dans un siécle aussi éclairé, je ne me suis pas moins félicité de les avoir entreprises sous un Regne si distingué par le grand nombre de Travaux Littéraires qu'on y a exécutés en tout genre, aussi honorables pour les Hommes célébres qui les ont conduits à une heureuse fin, que pour le Monarque qui les favorisa, & pour les sages Ministres qui les encouragerent.

Ce concours soutient l'Homme de génie & ranime son zéle en lui laissant appercevoir l'approbation des Chefs de l'Etat, non moins flatteuse que celle de ses semblables & de ses modéles.

Mais à qui pourrois-je offrir avec plus de justice ces prémices de mes Travaux Littéraires, qu'à vous, MONSEIGNEUR, *qui êtes à la tête des Corps Littéraires de la Nation, Membre vous-même de cette Académie qui s'occupe avec tant de gloire de*

DÉDICATOIRE.

l'Histoire Nationale & de tout ce qui a rapport à l'Antiquité, & qui avez toujours été honoré de la confiance du Roi dans le Ministère le plus long que l'on connoisse.

Moins les Dédicaces vous sont agréables, MONSEIGNEUR, & plus je serai flatté que vous ajoutiez aux marques de bienveillance dont vous m'avez déja honoré, celle de permettre que je saisisse cette occasion pour vous en témoigner publiquement ma reconnoissance.

Je suis, avec un profond respect,

MONSEIGNEUR,

Votre très-humble & très-obéissant
serviteur,
COURT DE GEBELIN.

A Paris, ce 15 Juin 1772.

PLAN GÉNÉRAL

PLAN
GÉNÉRAL ET RAISONNÉ
DE L'OUVRAGE QUI A POUR TITRE
MONDE PRIMITIF
ANALYSÉ ET COMPARÉ
AVEC
LE MONDE MODERNE,
OU
RECHERCHES
SUR LES ANTIQUITÉS DU MONDE.

INTRODUCTION.

LA recherche & l'intelligence des Monumens qui portent l'empreinte des Tems éloignés, ont été chez les Nations policées de tous les siécles l'objet de l'aplication & des efforts d'un grand nombre de Savans. Ils furent soutenus, dans cette carrière sombre & pénible, par un sentiment vif des avantages inséparables du développement des institutions primitives des hommes. Leurs Langues, leurs Mœurs, leurs Loix, les Arts & les Usages qu'ont introduits & perfectionnés nos besoins & nos ressources, ont toujours été regardés comme la clef de toute les Institutions modernes, comme le lien des choses même qui paroissent les plus dissemblables entre les Peuples de la Terre. Aussi la collection des matériaux rassemblés de toutes parts, est-elle devenue immense. Hiéroglyphes, Alphabets, Inscriptions, Manuscrits, Bas-Reliefs, Monnoies, Pierres gravées, &c. tout a été recueilli & observé.

L'immensité de cette Collection rend difficile à comprendre comment, avec des matériaux si nombreux, l'Edifice antique qui fut le berceau du Genre humain & les accroissemens qu'il a reçus pendant les premiers siécles du Monde, n'ont pas été reconstruits avec une précision & une solidité qui ne permissent pas de les méconnoître. Mais il est aisé de se convaincre que c'est la multitude même des piéces qui composoient cet Edifice, qui a mis obstacle à sa reconstruction.

Cette multitude est telle, que la vie la plus longue & l'aplication la plus soutenue suffisent à peine pour en faire le dénombrement : comment, à plus forte raison, un homme parviendroit-il à les comparer toutes, & à reconnoître assez exactement leurs raports & leur destination, pour assigner à chacune, non-seulement une place convenable, mais exclusive ?

L'impossibilité de porter un si pesant fardeau, a précipité les Savans dans des routes qu'on pourroit nommer divergentes & qui par conséquent étoient toutes également éloignées de la route, qui pouvoit les conduire au but qu'ils désiroient d'atteindre. Chacun s'est attaché à une partie de ces matériaux disséminés sur notre Globe, & chacun a regardé la portion qu'il avoit affectionnée comme une espéce de tout, qui formoit une partie réelle de l'Edifice total. De foibles analogies ont été le ciment trompeur qu'ils ont presque toujours employé pour consolider une multitude de piéces disparates, ou qui n'avoient entr'elles qu'un seul point de contact. Aussi n'a-t'on jamais travaillé à raprocher ces Edifices isolés sans en apercevoir la disconvenance, ou pour mieux dire que l'éxistence de l'un excluoit celle de l'autre. Ensorte que d'efforts en efforts, pour vaincre une difficulté déjà très-grande en elle-même, on n'est parvenu qu'à la rendre plus grande encore ; & le voile qu'on cherchoit à soulever ou à déchirer, couvre la moitié des tems & les retranche des Fastes du Monde.

Il y auroit cependant & de l'injustice & de l'ingratitude à juger d'après la diversité & l'insuffisance des systêmes qu'ils ont embrassés, les Hommes qui se sont distingués dans cette carrière. Ils joignoient à une vaste érudition, la sagacité la plus imposante ; & l'on ne peut méconnoître en eux, ce caractère propre du génie qui consiste à créer lorsque l'observation lui manque, ou qu'elle ne suffit pas pour bien saisir l'objet qu'il poursuit. On doit au travail de ces hommes infatigables, la Collection de Monumens sans lesquels nous serions réduits à les chercher, à les rassembler ; & peut-être ne leur doit-on pas moins pour avoir essayé tant de

DU MONDE PRIMITIF.

Méthodes diverses. Leurs écarts même raprochent de la bonne route, puisqu'ils avertissent de s'éloigner de toutes celles qu'ils ont suivies sans succès ; & que les chemins qui restent à sonder, étant moins nombreux, on se trouve plus près de celui qui conduit au but.

La discordance qui regne entre les systêmes connus, publie que l'inspection & la comparaison exacte des Monumens seuls, est un mauvais guide : que ces Monumens nous montrent ce que les hommes des premiers siécles ont fait, sans nous éclairer sur les motifs qui les ont portés ou déterminés à le faire ; que le défaut de lumières sur ces motifs, ne nous permet pas même d'entrevoir si les matériaux répondent à la destination qu'on leur a donnée, s'il ne nous en manque point, si ceux qui dans un raprochement systématique nous paroissent le mieux assortis, ne laissent pas un vuide dans leur vraie place, d'où on les auroit éloignés. Et comment se délivrer d'une multitude de doutes sur le choix de la place que chaque piéce doit occuper, lorsqu'on n'a pas sous les yeux le plan général de ce vaste Monument, auquel tout ce qui existe sur la terre doit se raporter avec la derniere précision ? Comment raprocher sans méprise des matériaux si différens, & à tant d'égards, empruntés de tant de Peuples, taillés pour ainsi dire, à de si grandes distances les uns des autres, & dont les formes ont si prodigieusement varié sous les coups redoublés de ces révolutions physiques de notre Globe qui ont si fort nflué sur le moral de ses habitans.

N'est-il pas évident que, faute d'un lien commun, ces matériaux innombrables restent aussi isolés, aussi épars, aussi muets malgré nos raprochemens, que dans l'état de dissémination où les retient la nuit des tems & l'oubli des institutions primitives ?

Le découragement sembloit devoir naître de ces réflexions, & sur-tout de l'inutilité des efforts de ceux qui nous ont précédé dans ce genre de méditation. Cependant, c'est la difficulté même de vaincre tant d'obstacles, qui a fait soupçonner qu'en considérant les restes de l'Antiquité comme les effets d'une Cause premiere, & en cherchant cette cause dans la Nature, qui est & qui sera toujours le guide unique dans l'apréciation des Ouvrages humains, il ne seroit pas impossible de retrouver le sentier qui a conduit les premieres générations jusqu'à nous, & qui peut nous faire remonter jusqu'à elles. Ce premier pas a dirigé le second, & l'on a senti que pour réunir tous les anneaux de cette immense chaîne, il falloit saisir dans la Nature un principe inhérent à l'espéce humaine, & dont les effets ou les conséquences fussent nécessairement les mêmes pour tous les tems, pour tous les climats, pour tous les Peuples.

On crut reconnoître ce principe, aussi fécond que solide, dans les besoins inséparables de notre constitution individuelle & dans les moyens de les satisfaire, que la Providence a placés avec profusion dans nous & autour de nous. En effet, tout est né de nos besoins. Ces besoins ont été les mêmes pour tous, dans tous les tems, dans tous les Pays; leur continuité a entraîné la perpétuité des premiers moyens employés à les remplir. Nulle lacune, nulle suspension n'a été possible, puisque l'espéce humaine s'est perpétuée, & que les mêmes besoins & les mêmes ressources l'ont suivie par-tout. Les enfans ont apporté, en naissant, l'impuissance de se suffire à eux mêmes; ils ont nécessairement apris de leur pere les moyens connus de suppléer à cette impuissance : c'est dans la nécessité d'observer, de comparer, de raprocher les êtres physiques, dans la faculté d'en former, pour ainsi dire, de nouveaux êtres en les pliant à de nouvelles combinaisons, qu'ils ont trouvé la source inépuisable de nouveaux moyens pour remplir leurs besoins.

Il y a donc une chaîne continue qui lie tout à l'homme : il ne faut que bien connoître celui d'aujourd'hui pour connoître ceux de tous les siecles : les séries physiques & les séries morales sont nécessaires en elles-mêmes; elles sont sous nos yeux, sous notre main : tout ce qui nous environne nous présente des arts, des loix, des mœurs qui ont commencé avec nos besoins, que de nouveaux besoins ont perfectionés; & qui par la raison même qu'ils ont été perfectionnés, ont leur racine dans l'Antiquité la plus reculée. Ainsi, en écartant ce qui n'est que *perfectionnement*, nous avons la plus grande certitude, une certitude de fait, que ce qui a existé autrefois, existe aujourd'hui dans son intégrité, & n'a subi d'autre altération que des extensions & des dévelopemens; que les Monumens de l'Antiquité ne sont que les témoins des moyens que l'on employa pour satisfaire aux besoins de l'humanité, comme nos Monumens actuels ne sont que les témoins de nos besoins & de nos ressources, & qu'en confrontant ce qu'ils déposent à l'égard du présent & du passé, nous aurons non-seulement le vrai systême, mais l'Histoire de tous les tems, de tous les Monumens.

Pour embrasser ce Tableau dans toute son étendue, il suffit de se transporter au moment, où commença la chaîne dont nous formons le dernier anneau. Qu'eussions nous fait alors ? que feroient aujourd'hui ceux qui se trouveroient placés dans des circonstances pareilles ? Ce que nous supposons que nous ferions, est précisément ce qu'ils firent en effet, parce qu'ils le firent & que nous le ferions nécessairement.

L'insuffisance individuelle réunit les hommes en société : la société fit sentir la nécessité de faire connoître les besoins individuels & d'indiquer les moyens d'assistance, qui pouvoient ou les afloiblir ou les faire cesser. De-là, une Langue primitive; & de la formation de cette Langue, la nécessité qu'elle se soit transmise d'age en âge, & qu'elle se soit conservée toute entiere malgré la séparation des Peuples & leurs migrations. De-là l'invention & la conservation des Arts, des Loix, &c. de-là leur perfectionnement, parce que la somme des besoins augmentant avec la découverte des moyens de les satisfaire, chaque moyen devint à la fois la source & de nouveaux besoins & de nouveaux moyens.

Ne supposons cependant pas, que ces moyens fussent toujours si nécessaires, que l'homme n'ait jamais pû choisir, & se tromper dans leur choix : qu'il ait toujours été conduit à cet égard, par une cause invariable & nécessaire : ce seroit un raisonnement faux & illusoire. Telles sont les richesses de la Nature qu'elle présente toujours à l'Homme une multitude de moyens, & que c'est par là qu'elle donne lieu à son intelligence & à sa sagesse de se déveloper : aussi observera-t'on dans l'industrie des Peuples, une variété infinie. Mais il n'en est pas moins vrai que ces moyens furent puisés dans la Nature, & que lorsqu'on se détermina pour l'un préférablement aux autres, on y fut amené par des motifs, dont on peut toujours rendre raison. C'est même la considération des moyens qu'employe chaque Peuple, qui fait connoître la différence de leur position & de leur génie ; & qui met en état de juger d'avance, par la nature des moyens qu'ils mirent en œuvre, des succès qu'ils durent avoir : c'est cette même considération qui devient la source de la perfection, à laquelle on s'élève de siécle en siécle, soit en profitant mieux des moyens déjà employés, soit en y substituant des moyens plus féconds, dans leurs dévelopemens.

La transmission de siécle en siécle de cette masse de découvertes, en devint plus embarassante : mais il se fit bientôt, un partage de ces immenses richesses. Les Professions se classerent, & le dépôt total s'est conservé, d'un côté, par la perpétuité des besoins réels ou factices ; & d'un autre côté, par l'adoption que fit chaque individu du travail d'une de ces classes, destinées en commun pour suppléer à toutes les privations.

Ainsi tout Art, qui répond aux premiers besoins, comme le Langage, l'Agriculture, &c. renferme aujourd'hui & ce qu'il a toujours été & ce qu'il est devenu par l'industrie humaine. Ses élémens fondamentaux sont demeurés les mêmes ; ils s'y retrouvent en entier : & les Monumens qui s'y raportent ne sont que des points de reconnoissance, qui nous avertissent des momens où les accroissemens se sont faits.

En suivant ces principes, on s'est convaincu de plus en plus qu'en travaillant à deviner l'Antiquité par les Monumens seuls, on ne feroit que remuer un amas de décombres & les rejetter alternativement & successivement les uns sur les autres : au lieu qu'en les considérant uniquement comme des témoins des besoins inséparables de l'humanité & des moyens qui ont été employés pour les remplir, ces principes, ces faits primitifs & nécessaires, ont appellé un à un ces Monumens innombrables, & ils sont venus, pour ainsi dire, se ranger d'eux-mêmes à leur vraie place. Leur nombre, ou pour mieux dire, leur immensité, loin d'être, comme dans les systêmes qui ont paru jusqu'ici, un obstacle à leur raprochement, est devenu l'instrument de leur réunion. Ils ont tous concouru à completter, à consolider l'Edifice, en remplissant tous les vuides. Les illusions & l'obscurité se retrouvoient par-tout dans des assortimens purement factices ; l'incertitude & les contradictions déceloient à chaque instant un ouvrage de main d'homme : dès qu'on a interrogé la Nature, ses réponses ont été nettes, précises, innombrables : cette même lumière inhérente aux choses, & qui éclaire les objets voisins de nous, s'est étendue sans éclipse, sans interruption, jusqu'aux Monumens des siécles les plus reculés.

La Nature, toujours la même, est le fil incorruptible qui nous a conduit dans la route droite & facile que nous proposons à nos Lecteurs de parcourir avec nous : ils y verront toutes les Connoissances humaines, tous les Monumens s'expliquer les uns par les autres & se classer d'eux-mêmes : parce que la nature de chaque objet en détermine la place par ses raports avec nos besoins : plus ces besoins sont pressans, plus les objets qui s'y raportent sont placés au devant du Tableau.

Quand on a bien observé l'Homme en lui-même, ce qui lui manque, les ressources que la Nature lui a fournies pour se le procurer ; il est impossible de regarder les mots essentiels, ces mots que l'on retrouve encore aujourd'hui dans toutes les Langues, comme l'effet d'un choix fait au hazard : on voit clairement qu'ils sont la peinture exacte d'objets déterminés, & une suite nécessaire des besoins de l'humanité & de l'organisation de l'Instrument vocal.

La Grammaire Universelle cesse d'être envisagée, comme le résultat éventuel de l'usage, ou du caprice de chaque peuple : on voit qu'elle est inséparablement liée au besoin de se faire bien entendre, de dessiner correctement & dans ses détails, l'objet qu'on a pour modéle ; & que par conséquent, elle porte sur une base antique, toujours la même, & par conséquent à l'abri des secousses de l'arbitraire.

On voit avec la même clarté, que l'Art d'assurer la réproduction des subsistances, art qui distingue l'homme des autres Etres aussi essentiellement que la parole, & tous les autres Arts dont il est la cause & la source, sont le produit nécessaire de nos besoins, & des ressources que nous a fourni l'observation successive des propriétés des différens Etres.

C'est par cette route, constamment suivie depuis les premiers âges jusqu'à nous, que l'Histoire écrite aquiert un dégré de certitude, que la gravité & l'unanimité des Historiens ne pourroient lui donner. Elle se trouve liée dans toutes ses parties à des piéces de comparaison, non-seulement analogues, mais identiques, & produites par tous les siécles, par tous les Peuples. Par-là, on ramene à des principes incontestables, tout ce que l'antiquité nous a transmis sur la population de la terre, sur la prospérité, les révolutions & la chûte des Empires : & les faits historiques juſtifiés ou démentis d'après des principes démontrés, ſe ſéparent d'eux-mêmes des fables, & ne nous montrent dans les variétés mythologiques des différentes Nations que les piéces juſtificatives des mêmes beſoins, des mêmes Arts, ſans autre altération que les fléxions locales, néceſſitées par le Phyſique de chaque climat. En un mot, tout ce qui exiſte ne préſente plus que des rayons partant d'un même centre, & renfermés dans un cercle qui les lie tous, qui les claſſe tous, & qui indique non-ſeulement les raports, mais la raiſon & le motif de tous.

L'Ouvrage que nous annonçons au Public, ſera donc la clef de tous les ſiécles & de toutes les connoiſſances humaines. Il démontrera que l'antiquité la plus reculée, les tems moyens, & les tems actuels ne ſont que des points inſéparables les uns des autres & qu'ils forment un même tout. On eſpere que le Lecteur en ſera convaincu, lorſqu'il aura parcouru l'eſquiſſe de ce grand travail. On va donc mettre cette eſquiſſe ſous ſes yeux.

Cet Ouvrage aura pour titre:

Le Monde Primitif *analyſé & comparé avec le Monde Moderne, ou Recherches ſur les Antiquités du Monde.*

C'eſt le Monde Primitif, parce que l'on y traite des Origines du Monde & de ſes Antiquités depuis ſes commencemens juſques aux tems hiſtoriques des Grecs & des Romains, c'eſt-à-dire, juſqu'au VIII. ſiécle au moins avant notre Ere, tems où il ſe fait une révolution générale depuis la Chine juſques en Italie, & où les lumieres commencent à ſe dévelloper avec une exploſion remarquable.

Ce Monde eſt analysé, car on y paſſe en revue ſa langue, ſon écriture, ſes mœurs, ſes uſages, ſes loix, ſa religion, ſon étendue, & l'on remonte à l'origine & aux cauſes de ces objets fondamentaux.

Il eſt comparé au Monde Moderne, en ce que l'on démontre que ſa langue eſt la nôtre, & que la plupart de nos connoiſſances viennent de cette ſource premiere.

Ce Tableau ſe diviſe en deux parties, correſpondantes à deux Claſſes auxquelles ſe rapporte ſon enſemble.

Dans la premiere Claſſe, on conſidere le Monde Primitif relativement aux Mots.

Dans la ſeconde, on le conſidere relativement aux Choses.

Nous développerons enſuite les conſidérations qui doivent convaincre nos Lecteurs, de la certitude du ſuccès de ces recherches & des avantages qui en réſulteront.

PREMIERE CLASSE.

OUVRAGES RELATIFS AUX MOTS.

Les Ouvrages qui entrent dans cette Classe, sont en grand nombre : mais pour nous resserrer, nous les réduirons ici à X.

I. Principes du Langage, ou Recherches sur l'Origine des Langues et de l'Ecriture.

II. Grammaire Universelle.

III. Dictionnaire de la Langue Primitive.

IV. Dictionnaire Comparatif des Langues.

V. Dictionnaire Étymologique de la Langue Latine.

VI. Dictionnaire Étymologique de la Langue Françoise.

VII. Dictionnaire Étymologique de la Langue Hébraïque.

VIII. Dictionnaire Étymologique de la Langue Grecque.

IX. Dictionnaire Étymologique des Noms propres de Lieux, Fleuves, Montagnes, &c.

X. Bibliothéque Étymologique, ou Notice des Auteurs qui ont traité de tous ces objets.

Le peu d'espace qu'occuperont toutes ces Parties, dont l'énumération semble présenter une masse énorme & un détail effrayant, sera une preuve sans réplique de la bonté de notre Méthode, & formera un ensemble d'autant plus intéressant, qu'on pourra le saisir avec plus de facilité ; & se livrer à l'examen de tous les objets qui le composent, avec autant de plaisir que de confiance. Par notre marche & au moyen des Régles simples & évidentes qu'offriront nos Principes sur le langage & l'écriture, & notre Grammaire Universelle, on verra naître & se développer sans effort le Dictionnaire de la Langue Primitive, bornée à un petit nombre de mots très-simples. De ceux-ci naîtra avec la même aisance, le Dictionnaire Comparatif des Langues, dont tous les mots seront des dérivés également simples du Dictionnaire primitif. En confrontant avec ceux-ci les mots grecs & latins, on en verra aussi-tôt la raison, & ils occuperont eux-mêmes le plus petit terrain possible ; l'on verra ensuite se fondre & se réduire à très-peu de chose, cette multitude immense de mots qui composent nos Langues modernes, & qui ne seront que des nuances de tout ce que l'on fait déjà. C'est ce dont on se convaincra aisément, en lisant le développement que nous allons donner de chacune de ces Parties.

PREMIER OBJET.

PRINCIPES DU LANGAGE ET DE L'ECRITURE.

Dans ces recherches sur l'Origine des Langues & de l'Ecriture, on commence par l'analyse de l'instrument vocal : préliminaire si essentiel dans un Ouvrage de la nature de celui ci, qu'il est impossible d'y procéder avec quelque succès sans son secours En effet, de même qu'un Musicien est obligé de connoître toute l'étendue des Tons que comporte un Instrument de Musique quelconque, nous ne saurions parler des Langues sans avoir analysé scrupuleusement les divers Tons qui composent l'étendue de la voix, leurs causes, leurs effets, leurs mélanges, la maniere dont ils se remplacent les uns par les autres, les raports qu'ils ont avec la Nature & avec nos sensations & nos idées. Ce sont autant de principes & de loix, sans la connoissance desquels, l'origine des Langues resteroit toujours dans le plus grand cahos : & c'est parce qu'on a trop méprisé cette étude, que l'on a toujours eu si peu de succès dans ce genre de recherches.

Par cette analyse, on s'assure des divers Elémens dont est composé le langage ; & qu'ils se divisent en trois Classes.

1°. *Sons*, ou *Voix*.
2°. *Articulations*, ou *Intonations* simples.
3°. *Passages*, ou *Articulations* doubles.

Les Voix, ou *Sons*, & les Intonations ou *Articulations* sont immuables, parce qu'ils n'ont jamais pu être inventés. En conséquence, ils sont les mêmes chez tous les Peuples ; au lieu que les passages ou consonnes doubles, effet de leur volonté ou de leurs besoins, varient suivant les générations & les Peuples.

Les sons ou voyelles immuables forment une Série composée de sept voix, ou sons aigus, graves & moyens ; & qu'on peut apeler Octave, parce que chacune de ses portions, est susceptible de divers dégrés d'élévation dans son ton.

Les Intonations ou Articulations sont l'effet des touches qui composent l'Instrument vocal. & forment deux séries différentes, une de consonnes fortes, l'autre de consonnes foibles, suivant que l'intonation de chaque touche est forte ou foible ; legere, ou dure. Chacune de ces séries est composée de sept consonnes, qui correspondent à autant de ouches de l'Instrument vocal ; & dans ces séries, chaque consonne forte répond à une douce : d'où résulte un Alphabet naturel, immuable & universel de vingt-une lettres, c'est-à-dire de sept Voyelles, & de quatorze Consonnes, auquel fut assujetti le premier qui parla.

Ainsi, dès qu'il y eut deux personnes sur la terre, elles purent parler, & elles le firent en effet ; il ne falut pour cela aucun effort, aucun travail : il en fut comme du physique : on n'attendit pas les Régles du mouvement pour se mouvoir & marcher : on marcha, parce qu'il le faloit & parce qu'on étoit fait pour marcher. De même, l'Homme entraîné par l'impétuosité du sentiment, ouvrit la bouche & il rendit des sons articulés : ces sons articulés peignirent ses sentimens, sa Compagne l'entendit, elle lui répondit, & il l'entendit à son tour : & par cette réciprocité de sons, leurs ames se dévoilerent l'une à l'autre, d'où naquit entr'eux un attrait qu'ils ne trouvoient nulle autre part. L'Homme sentit donc toute l'importance de ce don excellent de la Divinité ; & pour en retirer toute l'utilité possible, il parcourut l'étendue entière de l'Instrument vocal, assignant une valeur à chaque son qu'il en tiroit.

On considere donc ici, la valeur qu'on assigna à chacun de ces sons & de ces tons, à chaque élément de l'Alphabet : comment chaque son fut destiné à exprimer une sensation différente ; & comment les Intonations furent destinées à représenter nos idées, non par le choix de l'homme, mais par une suite nécessaire des propriétés de ces sons & de ces Intonations & de leurs raports avec la nature entiere qu'il faloit peindre : ensorte que l'Homme guidé par ces raports, parla dès le commencement sans peine, peignant dès les premiers instans toutes ses idées avec la plus grande exactitude ; & faisant connoître avec la même aisance tous les sentimens dont il étoit affecté. Ainsi se forma une double Langue : celle des sentimens & celle des idées : la premiere commune à l'Homme avec les Animaux, mais beaucoup plus parfaite chez le premier : la seconde absolument privative à l'Homme, parce qu'elle ne pouvoit convenir qu'à lui, répondant à des opérations auxquelles lui seul entre tous les Etres qui vivent sur ce Globe, puisse s'élever.

Entrant alors dans le détail, on voit quelles sensations furent peintes par chaque voyelle, & quelles Classes d'idées furent rendues par chaque intonation de touches ; & comment celles-ci suffirent pour exprimer l'étendue immense de nos idées, par la nature particuliere de chaque touche. Ces touches complettoient entr'elles toutes les qualités des objets que nous avions à rendre, comme le Peintre rend la Nature entiere, parce qu'il trouve dans ses couleurs élémentaires, tout ce qu'il faut pour rendre toutes celles que lui offre la Nature.

Ainsi les tons rendus par des touches légères & agréables, servirent à peindre les idées tendres & agréables, tandis que les tons rendus par des touches fortes & dures, peignirent les idées totalement opposées à

DU MONDE PRIMITIF.

celles-là, les idées désagréables, fâcheuses, ou toutes celles qui se raportoient à des objets forts & nerveux, ou remplis de rudesse & d'âpreté.

Ainsi se formerent les premiers mots, mots simples & nécessaires ; car il ne dépendit jamais de l'Homme de peindre autrement qu'il ne voyoit ; & ces mots devinrent la base immuable de toutes les Langues, puisque cette base ne dépendant point de l'Homme, n'étant point l'effet de son choix, du caprice, ou du hazard, elle n'a jamais pu & ne pourra jamais éxister autrement.

Dès ce moment, existe le Tableau intéressant & nouveau, mais auquel il est impossible de refuser son consentement, de la formation de la première des Langues, germe de toutes les autres, & sur lequel elles s'éleverent toutes, sans pouvoir jamais s'en écarter.

Ces premiers mots, élémens de la Langue première & de toutes celles qui en sont nées, ne suffisant pas, on les voit ensuite se réunir deux à deux, trois à trois pour former de nouveaux mots, pour peindre de nouvelles séries d'idées ; mais toujours relatives aux premiers élémens du langage.

Ainsi l'on eut des mots d'une syllabe à une, deux & trois lettres : & des mots de deux syllabes.

Ces quatre sortes de mots sont si nombreux, qu'ils forment par eux-mêmes une Langue complette : celle du Monde Primitif, suffisante pour devenir la racine de tous les mots possibles.

Pénétrant ensuite dans son génie & dans ses propriétés, l'on voit son extrême abondance, son harmonie, sa beauté & sa force ; combien elle étoit capable de se prêter à tous nos besoins, au dévelopement de toutes nos connoissances, à toutes les idées que nous pourrions acquérir ; qu'à tous ces égards, nos Langues modernes n'ont nulle supériorité sur celle-là : & que les Hommes se trompoient si prodigieusement, en croyant les Langues un effet de leur pure invention, qu'il n'est peut-être aucune Science, aucun Art, aucun genre d'occupation dans lequel ils aient été moins inventeurs, & où ils ayent moins innové.

Bientôt on s'aperçut, que si le langage étoit d'une utilité admirable pour vivre en société & pour se perfectionner, il étoit cependant d'un usage borné ; parce qu'il n'opéroit que dans le moment présent, & que son utilité étoit nulle pour ceux qui n'étoient pas renfermés dans l'espace parcouru par la voix. On chercha donc un moyen de donner de la consistance & de la permanence à cette voix ; de transmettre aux hommes de tous les lieux & de tous les tems, les leçons admirables des Sages qui instruisoient les humains, & de réunir toutes ces instructions successives, afin que cette masse pût se conserver & s'augmenter sans cesse.

Ce moyen, les Hommes le trouverent, c'est l'Ecriture : & ils le trouverent si vîte, & d'une manière si intimément liée avec le langage, qu'on ne sauroit décider lequel des deux Arts fut inventé le premier, & que nous sommes fondés à en faire honneur au Monde Primitif, à ces tems qui virent naître la première des Langues.

Débrouillant toutes les idées confuses qu'ont eu à cet égard les Savans qui se sont occupés de ces objets, & qui n'ayant pas eu des idées nettes de l'origine du langage, n'ont pû en avoir de l'origine de l'écriture, on aperçoit à l'instant ce qu'il y a de vrai ou de faux dans leurs systêmes, en voyant naître l'Ecriture d'une manière aussi simple que le langage & d'après la même marche; ensorte que l'écriture se trouve aussi nécessaire & aussi conforme à la nature, que le langage lui-même.

L'Alphabet primitif avoit été pris dans la nature : chacun de ses élémens peignoit un objet particulier : sa prononciation en faisoit naître à l'instant l'idée dans celui qui l'entendoit : elle le mettoit comme sous ses yeux : qu'eut-on donc à faire pour écrire ? Rien autre chose qu'à tracer sur un corps quelconque, la peinture de l'objet lui-même. Mais c'est l'Ecriture hiéroglyphique, s'écriera-t-on ! Sans doute : aussi verra-t-on qu'il n'a jamais pu éxister une Ecriture qui ne fût pas hiéroglyphique; ou qui étant née de celle-ci, fût purement Alphabétique, & rien de plus ; qui ne fût point représentative, & qui fût par conséquent l'effet unique du choix libre & volontaire d'un Scribe. Suposer une pareille écriture, c'étoit suposer l'impossible : l'écriture Alphabétique, aussi nécessaire que le langage, procède exactement de la même manière, & par les mêmes principes : ce n'en est que la répétition sous une forme différente. Chaque élément de l'Alphabet *vocal* peignoit un objet; chaque élément correspondant de l'Alphabet *écrit*, peignit le même objet.

Ainsi, on a une double série d'objets exactement les mêmes : objets peints par la parole, objets peints par l'écriture.

Le raport étroit & frapant de ces deux séries se démontrant l'un par l'autre, élève nos Principes au plus haut dégré de certitude, & ne laisse aucun doute sur notre Langue primitive.

C'est ici un avantage absolument propre à nos recherches & à nos découvertes, & qui en doit donner une idée des plus favorables; puisqu'elles se développent avec tant d'aisance, & avec des principes si nombreux & si riches, toujours différens & toujours conduisant cependant aux mêmes conséquences.

Suivant ensuite cet Alphabet naturel chez toutes les Nations qui ont écrit, nous voyons les Alphabets en usage chez elles, être tous nés de celui-ci, n'en être qu'une imitation servile, & le représenter encore d'une manière frapante, dès qu'on en fait les raprochemens, & que l'on range tous ces Alphabets suivant leur rang de succession. Par le moyen des intermédiaires, on voit l'origine commune de ceux qui semblent les plus éloignés & les moins relatifs à ceux que nous connoissons le mieux.

DU MONDE PRIMITIF.

D'ici naissent des conséquences infiniment curieuses sur l'antiquité de l'Ecriture, sur les lieux de son origine, sur ses causes, sur ses effets & ses influences pour le progrès des Lettres, sur l'origine de son nom, sur les variations qu'elle a essuyées, & leurs causes ; sur l'utilité de ces connoissances pour l'intelligence des monumens anciens ; & sur-tout pour déchiffrer les monumens hiéroglyphiques

L'Alphabet *vocal* & l'Alphabet *écrit* primitifs, étant trouvés & constatés par tous les monumens anciens de tous les peuples, & chacun des Elémens dont ils sont composés offrant les mots primordiaux, racines éternelles de toutes les Langues, on examine ensuite de quelle manière naquirent les racines du second ordre, ou de deux & de trois lettres, dont la masse forme le Dictionnaire de la Langue primitive, racine de toutes les autres.

Passant à l'examen de la valeur des racines, on fait voir que chacune d'entr'elles eut une signification nécessaire & première, toujours puisée dans la nature visible, par-là même toujours Physique : ce qui donnera le DICTIONNAIRE PHYSIQUE ou PROPRE des Langues.

Et de quelle manière ces sens propres s'étendirent par analogie & par comparaison à des sens différens, & se revêtirent constamment d'un sens figuré qui eut toujours pour base le sens propre, de même que l'esprit est censé avoir le corps pour base : d'où résultera le DICTIONNAIRE FIGURÉ, ou des *Idées Intellectuelles & Morales*.

Sur ces nouveaux fondemens, s'éleve à son tour la base du DICTIONNAIRE COMPARATIF des Langues, & de la Science étymologique. 1°. En faisant voir de quelle manière, toutes les intonations d'une même touche se substituent les unes aux autres, de même que les intonations de touches différentes ; avec les causes de ces changemens : ce qui donne autant de LOIX fondamentales & universelles ; & qui bornées à un petit nombre, embrassent néanmoins les Langues de tous les tems & de tous les lieux, avec une uniformité étonnante, si l'on n'en voyoit pas clairement les causes : 2°. En montrant comment se sont mêlés sans cesse, tous les sens dont chaque racine étoit susceptible.

LOIX dont la connoissance est indispensable, dès qu'on veut étudier les Langues, & s'occuper de leurs raports.

C'est la connoissance de ces *Loix* certaines & invariables, auxquelles est assujettie l'inconstance & la mutation continuelle des Langues, qui m'a donné tant de facilité pour les fixer & pour les ramener à une Langue commune. Car par leur moyen, étant donné un *Mot* en usage dans une Langue quelconque avec un de ses sens quelconque, propre ou figuré, n'importe, j'ai toujours pu le retrouver dans chaque Langue ; malgré toutes les formes sous lesquelles il s'étoit travesti, & malgré les sens divers dont il s'étoit chargé dans l'étendue des siécles.

Nous avons cru devoir entrer à l'égard de ces Loix dans le plus grand détail, & devoir les apuyer d'une multitude d'exemples pris dans toutes Langues, afin que l'esprit & l'oreille puissent se faire à tous les changemens des sons & des Intonations, occasionnés par le génie & les variétés d'organisation de chaque peuple : & que par une suite de l'habitude, que l'on aura acquise par cet exercice soutenu, on nous suive sans peine dans les comparaisons que nous ferons des Langues & qui seront toujours fondées sur ces loix.

Tels sont les principaux objets qui entrent dans nos Principes sur l'Origine des Langues & de l'Ecriture; & dont la réunion fait voir l'étendue, la beauté & la certitude irrésistible de nos recherches étymologiques, en même tems qu'elle démontre leur extrême simplicité.

Tout ce qui regarde l'origine des Mots, parlés ou écrits, étant ainsi dévelopé, il ne s'agit plus que de connoître les moyens par lesquels ils pouront s'associer, pour former des tableaux complets & pour peindre nos idées avec la plus grande précision : ce qui nous conduit à la Grammaire universelle, seconde Partie de nos recherches sur les Mots.

SECOND OBJET.

GRAMMAIRE UNIVERSELLE.

CE que nous avons dit jusques ici sur l'origine du langage & de l'écriture, n'a pour objet que les mots pris un à un, & sans être considérés dans un ensemble. Mais il ne suffit pas d'envisager l'origine & la valeur des mots en eux-mêmes : il faut de plus examiner de quelle manière on a pû les réunir, afin qu'ils formassent des tableaux complets ; qu'ils ne peignissent pas seulement l'objet de nos idées ; mais encore l'ensemble même de nos idées.

A cet égard, les Régles du langage doivent être aussi nécessaires, que le sont les mots mêmes : elles doivent être données par la nature des tableaux qu'offrent nos idées, & n'en être que des résultats. Sans cela nos discours ne peindroient rien, ou ils peindroient des objets imaginaires.

Ce sont donc ces Régles immuables dont nous nous occupons ici, & qui forment la Grammaire universelle, parce qu'elles sont de tous les lieux, de tous les tems, de toutes les Langues, & que lorsqu'on les possede pour une Langue, on les possede pour toutes, pour la Langue du Peuple le plus sauvage, de même que pour celle du Peuple le plus éclairé, & qui aura porté l'art de la Parole au plus haut degré de perfection.

Si ces Régles étoient l'effet du hazard, du caprice ou de l'usage, elles seroient absolument différentes selon les tems & selon les lieux : leur uniformité démontre donc le contraire ; & qu'étant aussi nécessaires que les mots primitifs des Langues, elles ont la même source.

Dès-lors, la Grammaire universelle, au lieu d'être un amas de Régles variables & métaphysiques, est toute en action : elle devient une suite d'Observations simples, claires, naturelles, aisées à saisir, toutes nécessaires.

On trouvera donc ici le même intérêt, que présentent nos vues sur l'origine des mots : autant les mots sont animés & intéressans, dès qu'on les envisage comme une peinture réelle, que releve avec éclat l'objet qui lui sert de modéle : autant la Grammaire, recueil de Régles froides & abstraites, parce qu'elles ne parloient pas aux Sens, s'anime & paroît remplie de chaleur & de force, parce qu'elle ne présente plus de Régle qui ne fasse la plus vive impression & dont on ne sente l'énergie & la beauté.

La Grammaire nous enseignera donc à donner aux mots la forme &

l'arrangement nécessaire, afin qu'ils puissent faire un tout parfaitement semblable à la pensée qui est une, de l'unité d'un tableau qui sous une multitude de traits & d'objets, n'offre cependant qu'un tout.

C'est que tous ces traits liés par un raport commun, deviennent tous nécessaires les uns aux autres; ensorte que le tableau n'est complet que lorsque tous les objets en raport sont réunis.

L'exposition de nos pensées par la parole, sera donc nécessairement composée de plusieurs mots, pour représenter les divers objets qui entrent dans ce raport : & ces mots devront se succéder, & s'unir les uns aux autres, jusqu'à ce qu'ils forment un tout, aussi complet & aussi simple, que la pensée ou l'idée qu'on vouloit peindre.

La GRAMMAIRE est donc l'art de peindre les idées par la parole; elle devra nous aprendre :

1.° Quelles sont les diverses espèces de *Mots* que l'on employe dans cet art, & nécessaires pour marquer tous les raports possibles des objets.

2.° La *Forme* qu'il faut donner à chaque espèce de ces Mots, afin qu'ils remplissent dans ce tableau le rôle auquel ils sont destinés.

3.° L'*Arrangement* qu'il faut donner à tous ceux qui entrent dans une phrase, afin que le tableau en soit aussi net & aussi élégant qu'il se pourra.

Ce qui divise la Grammaire en trois Parties.

La première, qui traite des diverses *Parties* du *Discours*.

La seconde, des *Formes* différentes que doit prendre chaque Mot, suivant le rôle dont il est revêtu, ou la place qu'il doit occuper.

La troisième, de la *Place* que doit avoir chaque mot, afin qu'ils ne se nuisent pas les uns aux autres.

De ces trois Parties, la première, constitue la *Grammaire universelle*.

C'est elle qui est de toutes les Langues, de tous les Peuples, de tous les tems ; & la base fondamentale des deux autres.

Celles-ci constituent la *Déclinaison* & la *Syntaxe* de tous les Peuples & de toutes les Langues: elles tirent toute leur force de la première, dont elles ne sont qu'un dévelopement : mais comme dans ce dévelopement chaque Peuple a dû suivre nécessairement son génie & sa manière de voir, ces deux Parties constituent plus particulièrement la Grammaire de chaque Peuple : mais rien qui y soit opposé aux Règles de la *Grammaire universelle*, & qui n'en soit au contraire une extension.

Par elle, on aperçoit le génie de chaque Langue, on préside à sa formation, on voit ses raports avec le génie universel du Langage, les raisons de ses différences, tous les effets qui en doivent résulter.

L'étude des Grammaires particulières n'a plus rien de pénible : ce n'est plus que l'aplication des Règles universelles, aux circonstances particulières de chaque Peuple.

Et

Et cette étude est d'autant plus satisfaisante, qu'elle n'a rien d'arbitraire, & que tout en est déterminé.

Ceci paroîtra peut-être d'autant plus étonnant, que jusqu'ici on n'a pu parvenir aussi parfaitement qu'on eût désiré, à cette simplicité & à cette unité.

C'est qu'on ne faisoit pas assez d'attention au vœu de la parole : vœu auquel la Grammaire a été nécessairement assujettie.

Rien de plus rapide que l'idée : il faudroit donc que son imitation par la parole fût aussi rapide, ce qui est impossible; d'un côté, la parole est un dévelopement des idées : or tout dévelopement éxige nécessairement une durée plus considérable : d'un autre côté, la parole ne peut être proférée que par les vibrations successives de l'Instrument vocal, ce qui prend encore un tems très-considérable.

Que fait donc celui qui parle, & qu'impatientent tous ces délais? il ne dévelope son idée qu'en partie ; il supprime autant de vibrations qu'il lui est possible : il ne dit que ce qui est absolument nécessaire ; il omet tout le reste, ou il ne l'indique que comme par le geste.

De-là, tant d'expressions & tant de tournures dans chaque Langue, qui échapent à celui qui veut les éxaminer, qui semblent se refuser à toute analyse, être contraires à toute Régle ; & sur lesquelles on a élevé la plus grande partie de cette masse désespérante connue dans chaque Langue sous le nom d'*exceptions* : & cette portion singulière de mots, qu'on ne peut raporter à aucune partie du Discours.

Mais il n'y a aucune de ces singularités que nous n'ayons ramenée constamment aux Loix fondamentales du Langage, en faisant voir de quelle manière elles s'étoient formées, & à quels objets elles se raportoient.

Entrant ensuite dans le détail, nous cherchons d'abord quels sont les Caractères nécessaires & immuables auxquels on reconnoîtra les Parties du Discours, quelle que soit la manière dont elles seront exprimées dans chaque Langue, & la place qu'elles y occupent.

Ce qui en détermine le nombre à X. Les *Articles*, les *Noms*, les *Pronoms*, les *Adjectifs*, les *Verbes*, les *Participes*, les *Prépositions*, les *Adverbes*, les *Conjonctions* & les *Interjections*.

Nous faisons voir sur chacune de ces Parties du Discours, qu'elle y occupe une place qui lui est propre, & qui ne pouvant être remplie par aucune des IX autres, rend celle-ci absolument nécessaire, & détermine invariablement son éxistence.

Ainsi l'Article fait connoître entre tous les mots d'une phrase, quel est celui qui peint l'objet du tableau.

Le Nom désigne cet objet, d'une manière à ne pouvoir s'y méprendre.

Le Pronom ramene à cet objet, comme par le geste.

L'Adjectif exprime les qualités inhérentes de cet objet.

Le Participe exprime les qualités de cet objet, suivant leur raport avec le tems.

Le Verbe lie toutes ces qualités avec leur objet.

La Préposition fait connoître le raport de cet objet, avec un autre.

L'Adverbe exprime les qualités de l'état, sous lequel on peint l'objet dont on parle.

La Conjonction réunit divers tableaux particuliers, pour n'en former qu'un seul.

L'Interjection exprime les sensations intérieures, dont nous sommes affectés à la vue d'un objet.

Le dévelopement de chacune de ces Parties présente une multitude de vues, ou nouvelles ou plus déterminées qu'on n'avoit pu le faire jusqu'à présent.

Ainsi, après avoir rétabli l'*Article* dans le rang des Parties du Discours, parce que nous croyons l'avoir envisagé sous un point de vue plus général que ceux qui ne lui ont point assigné de place particulière, parce qu'ils ne voyoient pas qu'il fût commun à toutes les Langues, ce qui étoit vrai d'après leur définition de l'Article ; nous faisons voir l'utilité dont ils sont dans toutes les Langues, sur-tout dans nos Langues modernes & chez nos Poëtes, pour former des tableaux d'une plus grande beauté, & propres à produire de grands effets.

Nous faisons voir par raport aux *Noms* que ce sont les seuls mots radicaux & nécessaires éxistans dans toutes les Langues : & que tous les mots qui composent les autres Parties du Discours, ne sont que des dérivés des Noms.

Observation, qui jette un jour absolument nouveau sur la comparaison des Langues & sur leur origine ; car il suffit de remonter à l'origine des Noms physiques & primordiaux : tout le reste, *Adjectifs, Pronoms, Verbes & Adverbes*, &c. qui occupent une place si immense dans les Langues, n'étant plus que des dérivés ; dont toute la force & l'énergie se manifestent, dès que l'on connoît le Nom qui les forma.

Sur le *Pronom*, nous faisons voir qu'il joue un rôle beaucoup plus considérable qu'on ne croyoit dans le Discours : que c'est de lui que dépend toute la force active & passive des Verbes : que le Pronom se raportant aux Agens, a dû les peindre nécessairement dans leurs divers états actifs & passifs, d'où résulte la division nouvelle des Pronoms actifs & passifs.

Sur les *Verbes*, qu'il n'en éxiste & n'en peut éxister dans toutes les Langues qu'un seul, exprimé ou sous-entendu, le verbe *Est*, qui sert à lier les noms avec leurs adjectifs.

Que tous les autres mots que nous avons honorés du nom de *Verbes*, ne le sont que par la force qu'ils tirent de celui-là, avec lequel ils se sont incorporés, en vertu de ce vœu de la parole dont nous avons déjà parlé,

& en vertu duquel elle fuprime ou abrége tout ce qui n'a pas befoin d'être dévelopé pour être compris.

Sur les *Prépofitions*, & les *Conjonctions*, nous faifons voir qu'elles tiennent conftamment à des N o m s, dont elles font dérivées & auxquels elles font redevables de toute leur énergie ; & qu'elles font toujours ce mot lui-même, pris fimplement dans un fens de raport ou d'analogie, au lieu d'être pris dans fon fens abfolu.

Ces Mots n'étant plus des mots factices, & inventés par hazard & uniquement pour *fonctionner* comme prépofitions, ou conjonctions ; mais ayant été déterminés à cela par leur propre nature & par leur raport avec l'ufage qu'on en vouloit faire, jettent fur l'art de la parole une clarté & une force dont il n'avoit pu être revêtu jufques à ce moment.

C'eft ainfi que l'Art Grammatical fe dépouillant de toute fa métaphyfique, & procédant toujours du connu au néceffaire, parvient à cette fimplicité, dont on avoit toujours fenti qu'il étoit fufceptible ; & que fe réduifant tout en action, il devient auffi agréable aux Jeunes Gens qu'il leur paroiffoit auparavant rempli de féchereffe & d'ennui.

TROISIÉME OBJET.
DICTIONNAIRE PRIMITIF.

A La fuite de l'origine du langage & de l'Ecriture & après la Grammaire Univerfelle, marche néceffairement & avant la fubdivifion du langage en une multitude de Langues, le Dictionnaire de la Langue primitive.

Il fera la vérification de tout ce que nous aurons dit fur les deux Objets précédens, & il deviendra la clef de toutes les Langues.

Clef imaginaire ou incomplette, diront ceux qui n'ayant jamais aprofondi ces matières, fupofent que parce que les Anciens ne nous ont point laiffé de Dictionnaire de leur Langue, il eft impoffible d'y supléer. Mais cette clef paroîtra très-fimple, très-naturelle & très-évidente à ceux qui auront compris que la première des Langues, compofée de mots néceffaires & repréfentatifs, n'a jamais pu fe perdre : qu'elle exifte dans toutes les Langues, & qu'il n'y a nulle impoffibilité de l'en retirer, dès que l'on s'eft fait des Principes, au moyen defquels on diftinguera dans toutes les Langues un mot primitif d'un mot qui ne l'eft pas.

Ces Principes ne font ni arbitraires ni nouveaux : ce font les mêmes d'après lefquels tant de bons Efprits ont vu, qu'il faloit analyfer les Langues en les ramenant à leurs racines. C'eft ainfi que l'on nous a donné les Racines de la Langue Latine, celles de la Langue Grecque, celles de la Langue Hébraïque : les Racines même de la Langue Chinoife, fous le nom de *Clefs*.

Qu'étoient ces Racines, fi ce n'eft les débris de la Langue primitive confervés chez ces Peuples, & fource de tous leurs mots.

Il n'y a donc d'autre différence entre ce Dictionnaire primitif & les Dictionnaires des Racines de tous ces Peuples, fi ce n'eft que chacun de ceux-ci font de la plus petite utilité poffible, en ne donnant l'intelligence que d'une feule Langue : tandis que celui que nous annonçons au Public fera de la plus grande utilité poffible, conduifant à l'intelligence de toutes les Langues, & par une voie auffi courte : car il faut autant de peine & d'efforts pour aprendre deux mille Racines qui ne donneront la clef que d'une feule Langue, que fi elles donnoient la clef de toutes.

Ce Dictionnaire primitif fera même beaucoup moins difficile à aprendre, parce qu'il fera beaucoup moins nombreux : & que l'on n'en foit pas furpris.

Il n'eft aucun Recueil de Racines, où l'on n'ait inféré une multitude de mots qui ne furent jamais Racines de Langues, & qui étoient eux-mêmes des composés : mais on n'apercevoit pas leurs Racines : & dès-lors ne voyant rien avant eux, on les regarda comme des mots primitifs.

De-là cette foule d'intrus qui déparent ces belles listes de mots radicaux qu'on nous a donnés sur diverses Langues ; & qui étoient autant d'obstacles pour arriver à leur comparaison.

Tel est l'effet d'une mauvaise Méthode qu'elle met les entraves les plus terribles au génie, qu'elle en rend les efforts absolument inutiles. Mais c'est sur-tout dans les recherches sur les Langues qu'on l'a éprouvé de la maniere la plus fâcheuse : tandis que l'on croyoit suivre une Méthode sure, on étoit si fort dénué de principes, on marchoit si fort au hazard, on s'égaroit si prodigieusement que l'on s'ôtoit tout moyen de trouver ce que l'on cherchoit.

Comment pouvoit-on comparer les Langues, dès qu'on ne trouvoit plus de raport entre leurs racines ? & comment pouvoit-on trouver du raport entre ces racines, dès qu'on n'avoit qu'une idée très imparfaite des vraies racines des Langues; qu'on honoroit de ce nom, une multitude de mots qui étoient eux-mêmes des composés ; & que l'on ne pouvoit s'élever aux vraies racines, qui auroient donné la clef de celles-ci, & qui étant communes à toutes les Langues, auroient conduit à toutes?

Mais tel sera notre Dictionnaire Primitif, qu'il présentera la base de toutes les Langues, les racines des racines même : que l'analyse des Langues y sera portée, jusques à ses Elémens les plus simples : & qu'avec un très-petit nombre de mots, on aura l'intelligence des Langues ; on verra naître & se déveloper cette multitude effrayante de mots anciens & modernes de toutes Langues, qui va peut-être à un million de Caractères & dont les Recueils sont si immenses, que la vie la plus longue paroît encore trop courte pour les parcourir : & qu'il a fallu jusqu'ici un génie & des circonstances particulières, pour aprendre une portion un peu étendue de cette masse énorme.

Tels sont les caractères, que réuniront chacun des mots qui formeront notre Dictionnaire primitif.

1°. Ils seront tous monosyllabiques.

2°. Par cela même, tous donnés par l'instrument vocal, sans aucune composition.

3°. Chacun désignera au sens propre & étroit un objet physique, pris dans la Nature. On fera voir en même tems de quelle manière il s'est pris au figuré, ou comment il a passé du sens physique au sens moral : ainsi avec les mêmes mots on aura un double Dictionnaire ; celui des idées physiques & celui des idées morales, qui s'expliqueront l'un par l'autre. Principe de la plus grande fécondité pour la comparaison des Langues, où ces objets ne marchent plus de front : ce qui formoit tant de lacunes qu'on ne pouvoit remplir, & présentoit tant de problèmes qu'on ne pouvoit résoudre.

4°. Ils seront tous, peinture de l'objet qu'ils désigneront ; en sorte qu'ils n'auront jamais été choisis au hazard & qu'ils porteront toujours leur raison avec eux-mêmes : & ils les peindront toujours de deux manières différentes, suivant qu'ils seront prononcés ou écrits. Car chaque mot de cette Langue primitive, étant prononcé, peindra les objets relativement à l'oreille ; & considéré comme Langue écrite, il les peindra relativement à l'œil : à l'oreille, par leurs sons ; aux yeux, par leur forme.

5°. Ces Mots radicaux seront tous des Noms, & les seuls mots qui puissent éxister ; par-là même qu'ils peindront des objets physiques. De-là naîtront de la manière la plus simple les diverses modifications de ces Noms : Adjectifs, Verbes, Adverbes, Prépositions, &c.

6°. Ils seront à la tête d'une multitude de dérivés, dans toutes Langues, & seront ainsi Chefs de familles nombreuses.

7°. Nous orthographierons chacun de ces mots, suivant les différentes formes qu'il a prises chez chaque Peuple : formes qui ont encore sans cesse arrêté ceux qui ont voulu comparer les Langues, parce qu'elles en faisoient des mots absolument différens, aux yeux de ceux qui n'avoient pas su se faire à cet égard des Principes aisés & certains. Il n'y a peut-être aucun mot primitif qui n'ait été écrit de cinquante ou cent façons diverses, qui en formoient des mots si différens, qu'on n'y voyoit plus de raport dès qu'on ne pouvoit se rendre raison de ces variétés.

Enfin ces mots seront arrangés conformément à la place qu'ils occupent dans l'instrument vocal lui-même, & suivant l'ordre dans lequel ils s'y font sentir.

Nous mettrons à la tête les mots formés par les VII Voyelles, aspirées ou non aspirées, n'importe, en commençant par celle qui est au haut de l'échelle ou de la gamme des sons ; & dont l'ensemble constitue la Langue des Sensations.

Viendront ensuite les mots formés par les VII Touches de l'instrument vocal, en commençant par son extrémité extérieure.

Et ces mots seront classés conformément aux intonations, dans lesquelles se subdivise chaque touche.

Méthode d'autant meilleure, qu'elle est conforme à la génération des idées & à celle des mots, & qu'a très-bien aperçu un de nos plus profonds Grammairiens.

Ce Dictionnaire si simple, si intéressant, si utile, sera de plus très-complet, parce qu'il renfermera sans exception tous les mots qui ont été la base de toutes les Langues ; & que l'on n'en pourra citer aucun dont on ne puisse démontrer qu'il en est venu.

L'on se confirmera par la nature de ce Dictionnaire dans l'idée qu'une connoissance, qui doit le moins à l'invention des Hommes, est celle des mots & du Langage ; & dans quelle erreur on étoit à cet égard, en suposant sans cesse le contraire.

Mais afin qu'on ait une idée plus nette de l'utilité de ce Dictionnaire & de sa marche, nous donnons ici le dévelopement de son premier mot, le premier de tous les sons, le mot A.

Cet-Article qui tient essentiellement à notre Dictionnaire primitif, tiendra également à nos Principes sur les Langues, à notre Grammaire universelle, à notre Dictionnaire comparatif, à la Mythologie elle-même; parce que tous ces objets sont si étroitement liés entr'eux, qu'on ne sauroit en traiter un sans éclaircir tous les autres.

A

PREMIER MOT DU DICTIONNAIRE PRIMITIF

ET DE TOUS LES DICTIONNAIRES.

I.

*Valeur d'*A *comme Voix.*

A Est un des Elémens de l'Instrument Vocal du nombre de ceux qu'il réunit comme instrument à vent, & que l'on apelle *Voix*, ou *Sons*, quand on les considére dans la Langue parlée : & *Voyelles*, quand on les considére dans la Langue écrite.

Il est formé par la plus grande ouverture possible de la bouche, ensorte qu'il est à la Gamme des sons ou voyelles, ce qu'est le *Si* à l'Octave des tons musicaux. Il représenta même la note *Si* dans la Musique Egyptienne, où les sept Voyelles servoient à noter l'Octave : & il est également susceptible de différens dégrés d'élévation dans son ton : ensorte que l'*A* d'un Peuple, peut être à l'Octave de l'*A* d'un autre.

Ne soyons donc pas étonnés que le mot *A* soit à la tête des mots : placé au plus haut dégré de l'Echelle des voyelles, il domine au milieu d'elles comme un Monarque au milieu de ses sujets. Etant le plus sonore, il se fait distinguer le premier de la maniere la plus sensible : & c'est de ces qualités Physiques qui lui sont propres & qui le caractérisent, que nous verrons naître toutes les significations dont on l'a revêtu.

Ayant une prononciation propre & tranchante, il est de tous les Peuples : il exista dans la Langue primitive; il sera de toutes les Langues : & il n'a pû ni ne pourra se confondre avec aucune des autres Voix qui toutes lui sont subordonnées.

On a donc eu tort de dire, 1°. que les Orientaux n'avoient point d'*A*: 2°. qu'il perdoit sa valeur naturelle, pour prendre celle d'une autre voix : mais voici ce qui est arrivé, & qui donne lieu à ces méprises.

Les Orientaux qui ouvrent la bouche plus fortement & avec plus de facilité que nous, prononcent par-là même toutes les Voix du fond du gosier : car plus la bouche s'ouvre, plus l'instrument vocal fait effort sur sa portion intérieure, ensorte que tout le méchanisme de la bouche se concentre dans ce point : par conséquent, ils font entendre les Voix avec un mélange du son de l'aspiration : ce qui a fait croire que ces Peuples n'avoient que des aspirations & des esprits, & point de voix pareilles aux nôtres; mais A n'en est pas moins A, quoiqu'il soit aspiré & prononcé H A.

Aussi, est-il apellé ESPRIT, même chez les Orientaux, mot synonyme à voix ; car les voix sont l'effet de l'*esprit* ou du *souffle*.

D'un autre côté, il est arrivé très-souvent, & chez tous les Peuples sans exception, que la voyelle A s'est substituée à d'autres, & d'autres à celle-ci.

Ainsi nous disons, *J'ai* au lieu de *J'a*, je *vais* au lieu de je *vas* : & tandis que les Italiens & les Gascons disent, ils *ant*, ils *van*, nous disons, ils *ont* & ils *vont*.

Du latin *sal*, nous avons fait *sel*. De l'Éolien *Mousa*, les Grecs firent *Mousî*; & de *Mana*, la Lune, la firent *Méné*.

Les Latins eux-mêmes changerent l'*A* des mots radicaux, en *e* & en *i* dans les dérivés & dans les composés. Ainsi ils disoient ACCIPIO, & FECI, tandis qu'ils en prononçoient les Racines, CAP & FAC.

Et cependant A est toujours A.

II.

Sa valeur comme cri.

A étant un des élémens les plus sensibles de l'instrument vocal, & se prêtant à tous nos besoins avec la plus grande aisance, devint d'un usage continuel, & fut chargé d'un grand nombre de fonctions différentes, toutes analogues à sa valeur naturelle.

Considéré comme l'effet de nos sensations, mais des sensations les plus vives, les plus fortes, car elles ne sauroient s'exprimer que par le son le plus haut, le plus bruyant, il est le CRI des passions fortes, de l'étonnement, de l'admiration, de la surprise : 2°. du plaisir : 3°. de la douleur la plus profonde.

Et il peint tous ces sentimens avec la plus grande énergie, parce qu'il se prononce de la même manière que ces sentimens agissent sur nous,

n'étant

n'étant autre chose que l'effet immédiat de leur impression.

L'admiration nous attire en quelque sorte hors de nous pour nous unir à l'objet extérieur qui nous frape : aussi dans l'A admiratif, la voix se porte en avant avec une célérité précipitée & plus ou moins bruyante.

La joie que produit le rire, ébranle les nerfs de l'instrument vocal : elle les contracte & les dilate avec la plus grande vîtesse : de-là ces *A* continuels & redoublés, occasionnés par le rire.

La douleur au contraire, nous concentre au dedans de nous, en même tems qu'elle nous abat & qu'elle nous ôte les forces : de-là ces *A* plaintifs que l'on tire avec tant de peine du fond de la poitrine, & qui ne s'échapant que d'une manière traînante & douloureuse, peignent si sensiblement l'angoisse qui nous accable.

III.

Sa valeur dans la langue des sensations, 1°. comme Verbe.

Si ce Son tient une place aussi distinguée dans l'expression des sensations dont nous sommes affectés, il n'en tient pas une moins remarquable dans la langue des sensations, c'est-à-dire dans cette langue formée de voyelles devenues des *mots* qui peignent les objets & les idées relatives aux sensations. Et ces mots sont également l'effet naturel des propriétés du son A qui en est la Racine.

A, placé comme nous l'avons vû, par la Nature elle-même, à la tête des sons, devint l'image naturelle de toute idée de *supériorité*, de *priorité*, de *domination* : & par conséquent le nom de la *propriété*.

Dans ce sens, A est un mot très énergique, & qui étant uni au nom d'une personne & à celui d'un objet, marque avec toute la clarté & toute la précision possible que cette personne est propriétaire de cet objet.

Et c'est ici un grand Principe qu'il ne faut jamais perdre de vue : que pour découvrir l'étymologie ou l'origine d'un mot, il ne faut point le considérer uniquement en lui-même, mais observer comment il contribue à la peinture d'une idée, puisque ce n'est que relativement à ce but qu'on eut besoin de mots.

C'est ainsi qu'A devint le *Verbe* A ou AVOIR, verbe possessif, qui apartient à une multitude prodigieuse de Langues, tantôt marchant seul, & comme verbe possessif : tantôt formant un verbe composé par sa réunion avec un nom, comme nous le verrons plus au long dans le Dictionnaire comparatif des Langues.

D

IV.

2°. *comme Préposition.*

Si dans la compagnie d'un Pronom, ce mot *A* devint un Verbe; placé entre deux Noms, il devint une Préposition, c'est-à-dire un mot qui marquoit que ces deux noms étoient unis par un raport de propriété, que l'un de ces objets étoit propriétaire & l'autre sa chose, sa propriété. Ainsi nous disons :

Livre A moi : Ville A la France.

Phrases elliptiques qui tiennent lieu de Phrases très-longues, très-froides & qui ne diroient rien de plus. En jettant les yeux sur celles-ci, on voit très-bien qu'elles représentent le personage apellé *Moi* comme propriétaire d'un Livre dont on parle, & la France également comme propriétaire de la Ville dont il s'agit.

On trouvera dans le Chapitre de la Grammaire universelle sur les Prépositions, de quelle manière la Préposition A s'est chargée de plusieurs valeurs analogues à celle-ci.

Et dans les Dictionnaires etymologiques du Latin & du Grec, quelles Prépositions naquirent dans ces Langues, du mot A.

V.

Sa valeur à la tête des mots.

Dans toutes les Langues qui ont des mots composés, *A* est ajouté à la tête d'un grand nombre de mots.

1°. Quelquefois seulement pour en rendre le son plus harmonieux; c'est ainsi que dans ce mot *achever*, par exemple, la lettre A n'ajoute rien au sens radical : il ne renferme rien de plus que le verbe *chever* s'il étoit en usage, & qui signifieroit conduire une chose à chef, tout comme *finir* signifie conduire une chose à fin, & cependant l'on ne dit pas *à-finir*, tout comme l'on ne dit pas *chever*. D'où provient cette différence d'analogie ? si ce n'est de ce que *finir* est assez harmonieux pour se suffire à lui-même, tandis que *chever* n'avoit pas par lui même assez d'harmonie ou de corps, & qu'il en a falu rendre le son plus décidé & plus agréable par l'addition de la voyelle *a*. La Langue Françoise fourniroit divers exemples pareils : & il en est de même des autres Langues ; c'est ainsi que les Italiens font de notre verbe *buttiner* leur verbe *abottinare* qui ne dit rien de plus, & qui n'est que *bottinare* qu'ils ont fait précéder d'un *a*; & qu'ils disent *accanalato* au lieu de *canalato*, canelé.

2°. Mais plus souvent *A* est ajouté à la tête des mots pour exprimer de nouvelles idées ou des idées plus composées.

C'est ainsi que les verbes *amaigrir* & *acheminer* expriment des idées différentes de celles qu'offrent les simples *maigrir* & *cheminer* ; car ils présentent de plus l'idée d'un agent étranger à la chose, & qui opere sur elle.

3°. Quelquefois, il figure dans les mots composés comme partie essentielle; ensorte que ceux auxquels il est réuni ne présenteroient plus la même idée, & seroient totalement dénaturés s'il étoit suprimé; tels sont nos mots :

Affaire, Avenir, Abandon.

Les deux premiers indiquent une chose *à faire*, un tems qui est *à venir* : ce sont de vraies ellipses.

Il en est de même du mot *Abandon* dont l'origine étoit si incertaine. C'est un vrai composé des trois mots *A*, *ban*, *don*, qui subsistent tous trois dans notre Langue, & dont le second signifie *Public*, le *Public*, la chose *publique* ; ensorte que ces mots réunis signifient à la lettre un DON fait ABAN, au Public, une chose qu'on livre au premier qui voudra s'en emparer, & relativement à laquelle on se désiste de tous ses droits.

Toutes les Langues sont remplies de mots où *A* est chargé de rôles pareils. Notre Dictionnaire comparatif en offrira des exemples nombreux, même dans les Langues Orientales telles que l'Hébreu, où l'on avoit perdu de vue l'origine d'un grand nombre de mots, uniquement parce qu'ils avoient pris un A à leur tête, tels que ABENT & AMAL qui ne sont autre chose que nos mots BANDE & MAL.

4°. On verra encore dans nos Dictionnaires étymologiques de la Langue Grecque & de la Langue Latine, que cette lettre *A* s'est chargée à la tête des mots d'un sens absolument négatif, & nous en montrerons la raison.

V I.

Sa valeur comme Article.

Dans les Langues du Nord, A est devenu l'ARTICLE *un*, *une*. A *Man*, un homme, en Anglois, en Runique, &c. A *Wife*, une femme.

Mais ceci tient à une signification primitive de cette lettre dont nous allons parler.

V I I.

Valeur qu'il a chez les Orientaux plus générale que chez les Occidentaux.

C'est sur-tout chez les Orientaux que la voix A, outre l'idée de propriété & de domination, désigna encore l'idée de PRIORITÉ dont celle de propriété n'est qu'une modification.

A signifia donc premier, & le signifia dans toute son extension.

Premier, en nombre cardinal, UN, unité.

En nombre ordinal, PREMIER.

Premier, en composition, PRINCIPE, Elément.

Premier, en dignité, Chef.
Premier, en rang ou en ordre physique, Conducteur, Guide.
Premier, en ordre moral, Maistre, qui instruit, qui guide.
Devenu Verbe, il signifia, dans ce sens,
    1°. conduire.
    2°. enseigner, instruire.
    3°. montrer, indiquer.
Idées subordonnées les unes aux autres, & qui ne different qu'en durée.
  On conduit pendant la marche.
  On instruit du chemin qu'il faut tenir.
  On montre le chemin.
    4°. trouver, inventer.
Parce que celui qui invente & qui trouve, est nécessairement le Premier.

VIII.

*Valeur figurée d'*A *dans les Langues d'Orient.*

Dans ces Langues Orientales, A s'est chargé d'une valeur figurée que l'on a pris pour sa valeur propre ; ce qui empêchoit de parvenir à sa vraie origine, & déroutoit ceux qui vouloient s'en occuper. Nous ne saurions donc la passer sous silence, d'autant plus que l'explication que nous en donnerons, sera une nouvelle preuve que les différentes valeurs des mots n'ont jamais pu être totalement arbitraires ; & qu'elle contribuera à rectifier les idées qu'on se formoit de ces Langues comme n'ayant suivi aucun principe dans la formation des mots.

A prononcé Alph, l'*Alpha* des Grecs, signifie dans ces anciennes Langues un Bœuf. On a cru même que c'étoit sa signification propre.

Plutarque nous a conservé à ce sujet, dans ses Questions de Table, un Conte Phénicien adopté par les Grecs comme un fait vrai & que nous ne saurions omettre.

Cadmus ennuyé de courir les Terres & les Mers pour chercher sa sœur Europe qu'il ne trouvoit point, s'adressa à l'Oracle qui lui ordonna de suivre une *Vache* à croissant, de bâtir une Ville dans le lieu où elle se reposeroit, & d'y fixer sa demeure. En conséquence il se met en route ; bientôt il rencontre la Vache dont l'Oracle a parlé, elle marche devant lui, il la suit. Arrivée dans les Plaines de Béotie, elle s'arrête : il s'arrête aussi, bâtit Thebes, & en mémoire de la Vache sa bienfaitrice, il met à la tête de son Alphabet la lettre A parce qu'elle signifioit dans sa Langue une Vache.

C'est une étymologie à la grecque, qui nous trompe, lorsqu'on ne la considere que comme étymologie, ainsi qu'on l'a fait jusqu'à présent d'après les Grecs : mais qui contient une allégorie ingénieuse lorsqu'on se transporte dans l'Orient où elle naquit.

A n'eſt point le nom propre du Bœuf en Orient : ſon vrai & propre nom eſt TAUR qui s'eſt tranſmis dans toutes nos Langues d'Occident. Celui-ci n'eſt donc qu'une épithéte, une alluſion, mais des plus naturelles, qui peint le Bœuf comme un animal dompté & réduit à l'état de domeſticité par l'homme qui lui aprit à plier ſous le joug & à le ſeconder dans l'*Art* par excellence. C'eſt toujours par cette idée qu'on peint le Bœuf, & que le caractériſent les Poëtes dans les tableaux où ils peignent la Nature & les travaux du Laboureur.

Rien de plus ingénieux encore que l'Hiſtoire de Cadmus conſidéré comme Chef de Colonie. Si l'Oracle lui répond qu'il doit ſe fixer dans le lieu où s'arrêtera la Vache, il lui donne en effet la leçon la plus importante. Dans quels terrains en effet s'arrêtent les Troupeaux, ſi ce n'eſt dans des lieux gras & fertiles, abondans en paturages : & n'eſt-ce pas dans de pareils lieux que doivent ſe fixer les Colonies, dans des lieux propres à fournir les ſubſiſtances les plus abondantes, qui exigent le moins d'avances, & où ils ont l'avantage de pouvoir entretenir de nombreux Troupeaux ?

Telle étoit la BÉOTIE, pays excellent & riche en pâturages, ce que ſignifie en effet ſon nom, mot à mot *Station du Bœuf*. Enſorte qu'il ſe prêtoit de lui même à la Fable allégorique de Cadmus, s'il ne l'a fait naître.

A ne fut donc pas à la tête de l'Alphabet, parcequ'il déſignoit un Bœuf, mais il déſigna un Bœuf parce qu'étant à la tête de l'Alphabet, il ſignifioit *aprendre*, dans les deux ſens d'inſtruire & d'être inſtruit.

IX.

Sa forme comme Caractère.

Ce n'eſt pas à cauſe de cela, dira quelqu'Hébraïſant, mais parce que la lettre A repréſentoit une tête de Bœuf : mais ce ſeroit mettre la charrue devant les Bœufs. A ne put repréſenter une tête de Bœuf que lorſqu'il fut devenu le nom du Bœuf. Il avoit donc une figure antérieure à celle-ci, tout comme il eut une valeur antérieure à celle dont il s'agit. Mais quelle étoit cette figure, & quelle en fut la raiſon ? C'eſt ce que nous expoſerons dans les Principes ſur l'origine de l'Alphabet & de chacun des Elémens dont il eſt compoſé. Nous y dirons auſſi pourquoi cette lettre s'apella *Alpha* ou *Aleph* : ce qui répandra plus de préciſion ſur ce qu'en ont dit juſqu'à préſent ceux qui ſe ſont occupés d'étymologies.

QUATRIÉME OBJET.

DICTIONNAIRE COMPARATIF DES LANGUES.

LE détail dans lequel nous venons d'entrer sur le mot A, donne déja une idée de la manière dont les mots primitifs se sont conservés, propagés, & transmis chez tous les Peuples. Le Dictionnaire comparatif des Langues est une suite nécessaire du Dictionnaire Primitif : complément l'un de l'autre, ils se servent de preuve réciproque, & se vérifient sans cesse l'un par l'autre. Ils donnent lieu par-là même de prononcer sur un grand nombre de questions qu'on n'avoit pu résoudre, & fournissent les plus grandes facilités pour aprendre les Langues en peu de tems, par la manière dont elles s'enchaînent toutes les unes aux autres.

Nous voyons par-là ce que devint la Langue primitive. Sur cette question de fait se sont élevées bien des disputes, qui semblables aux éclairs d'une nuit orageuse, nous ont laissé dans les plus profondes ténèbres. L'un a dit, l'Hébreu est cette Langue primitive : non, c'est l'Arabe, a soutenu un second : un troisième a cru que c'étoit le Chinois : d'autres, celle qu'ils parloient eux-mêmes. Il n'est pas jusqu'au Flamand qui n'ait voulu disputer aux autres la gloire d'être la source de toutes. D'autres personnes, d'un très-grand mérite, & entre lesquelles je compte des amis, soupçonnent que plusieurs Langues pourroient être également primitives. Que croire au milieu de tant de prétentions oposées? qu'ils se trompoient tous ? plusieurs ont pris ce parti : il ne me plaisoit pas : j'ai donc cherché de quel côté je trouverois plus de vraisemblance ou de vérité : par-là, je me suis assuré que ceux qui regardoient la Langue qu'ils analysoient comme la source des autres, avoient presque tous bien vû, mais presque tous mal conclu.

La Langue primitive ne put être long-tems la même, & l'acord entre les Peuples dut bientôt à cet égard éprouver diverses altérations : ces altérations l'anéantirent insensiblement, & sur ses ruines s'élevèrent cette multitude de Langues qui divisent les hommes ; & qui, lorsqu'on ne les considère que dans leur état actuel, semblent n'avoir jamais eu de source commune.

La même Langue subsista chez tous ; mais tel Peuple donna un ton doux à un mot, auquel tel autre donna un ton fort.

Tel chargea sa prononciation de Syllabes sifflantes : tel autre de gutturales ; tandis qu'ailleurs elle se chargeoit d'aspirations.

L'Ecriture éprouva aussi des variations & des changemens. Les uns trouverent les premiers caractères trop simples; les autres trop composés, ou trop peu coulans: d'autres tracerent ces caractères en sens contraires.

L'orthographe devoit donc varier à son tour; parce que chacun voulut & dut écrire les mots tels qu'il les prononçoit.

La plûpart des Peuples trouverent trop nuds ou trop rudes les mots terminés par une consonne: ils y ajouterent des voyelles finales, pour en adoucir la prononciation, & la rendre plus agréable.

Ces FINALES d'ailleurs étoient d'un usage admirable pour distinguer toutes les nuances & toutes les circonstances d'un même mot, pour en faire un substantif, un verbe, un adjectif, un adverbe.

Les idées se multipliant, on chercha à augmenter le nombre des mots sans multiplier les Primitifs, déjà épuisés, & qui d'ailleurs eussent rendu le langage trop embarassé, en devenant trop nombreux. On s'y prit de deux façons?

D'abord on augmenta le nombre des combinaisons des mots, & l'on varia leurs composés dans tous les sens: on en fit à 3 syllabes, à 4, à 5, à 6, à 7, à 8, & de plus longs dans l'occasion: chacune de ces syllabes étoit un mot qui pouvoit être pris séparément: la réunion présentoit donc une idée composée de plusieurs idées distinctes.

Cette Méthode embarassante, dans certaines occasions, impossible en d'autres, fit chercher une route plus abrégée: ce fut de transporter le sens propre & physique des mots primitifs au sens moral, spirituel & figuré. Il n'y en a peut-être aucun qui n'ait ce double sens, même en François. Chacun de ces mots, par exemple, *soufle*, *corps*, *esprit*, *ame*, *ciel*, *jour*, *nuit*, *feu*, *air*, *eau*, *coucher*, *lever*, *main*, *pied*, *œil*, *nez*, &c. présente plusieurs sens, & au physique, & au moral.

Par-là, le régne des idées s'étendit immensément sans que celui des mots augmentât: le style en devint plus vif, plus animé, plus énergique.

Mais dès ce moment, les Langues durent paroître prodigieusement s'éloigner les unes des autres. Comment reconnoître en effet, qu'un mot pris chez deux Peuples dans un sens différent, venoit cependant de la même source?

Ces variétés nécessaires altérerent donc en chaque lieu la Langue primitive; sans qu'elle cessât d'éxister, on la méconnut: on crut qu'elle avoit disparu; on ne vit plus que des Langues différentes, & qui sembloient n'avoir plus de raport.

Cependant, dès que l'on venoit à les comparer, & qu'on pénétroit à travers les voiles de la prononciation & de l'orthographe, on étoit étonné de les trouver semblables. Dès lors on s'égaroit, en s'arrêtant à cette idée flateuse que toutes les autres tiroient leur source de celle même que l'on parloit.

C'est sur ce fondement ruineux qu'ont été formés une multitude de systêmes: Est-il étonnant qu'ils n'aient pû se soutenir?

PLAN GÉNÉRAL

Voici donc la route que j'ai suivie, afin d'avoir un succès plus heureux.

J'ai comparé les Alphabets de tous les Peuples, pour m'assurer de leurs raports; & pour juger s'ils avoient changé, ajouté, retranché à l'Alphabet primitif.

J'ai cherché les mots primitifs qu'ils avoient conservés : j'ai éxaminé quelle étoit la nature de ceux qu'ils avoient ajouté à ce premier fonds.

Sur-tout quelle pouvoit être l'analogie entre les mots semblables quant au son, différens quant au sens.

Cette Méthode m'a donné des résultats nouveaux & singuliers : j'ai vu que toutes les Langues qu'on nomme *Mères*, n'étoient que des sœurs caractérisées par l'air de famille le plus frapant; qu'elles formoient également *la Langue primitive*, ou que toutes étoient filles de celle-ci; que cette Langue se trouve dans toutes, & que leurs différences se réduisent à celles que je vais indiquer.

DIFFÉRENCES,

1°. de prononciation.
2°. d'orthographe.
3°. de lecture.
4°. de mots composés.
5°. de sens littéral & de sens figuré.
6°. de sens oposé : le même mot signifiant alors les deux extrêmes, comme

Béni, & *maudit* :
Sacré, & *profane* :
Noir, & *blanc* :
Faim, & *alimens* :
Chaud, & *froid*.

Quelquefois les deux sens oposés subsistent chez les mêmes Nations : quelquefois, l'un chez l'une; & l'autre, chez une autre; soit que pour marquer les opositions, on ait d'abord écrit ces mots de droite à gauche dans un sens, & de gauche à droite, pour marquer l'oposé : soit que l'oposition n'ayant pû être désignée que par un léger changement de lettres, cette différence se soit totalement évanouie avec le tems : soit enfin que la Racine ait été inventée avec un tel art, qu'elle pût s'adapter aux deux extrêmes; comme nos mots *grand*, *pitoyable*, *misérable*, *extrémité*, qui s'apliquent au bien & au mal suivant les circonstances.

De ces nouvelles Recherches résultent :

I.

L'HISTOIRE DES LANGUES.

C'est-à-dire de toutes celles dont j'ai pû me procurer les Livres Classiques. Là, seront analysées les Langues suivantes. TABLEAU

TABLEAU
DES LANGUES COMPARÉES.

L'Hébreu & ses Dialectes.	Arabe. Syriaque. Chaldaïque. Éthiopien. Égyptien. Phénicien.	Samaritain. Méde & Perse. Arménien. Maltois. Silhaie, Showiah. Malais.
L'Esclavon & ses Dialectes.	Russe. Polonois.	Lithuanien. Bohémien.
Le Celte & ses Dialectes.	Irlandois. Gallois. Cornouaillien. Langue de Mona.	Langue Erse. Bas Breton. Basque. Biscayen.
Les Langues Filles des Orientales & du Celte.	Phrygien. Grec.	Etrusque. Latin.
Le Cimbre, ou Runique, d'où	Dano-Gothique, ou ancien Danois. Scano-Gothique, ou ancien Suédois.	Norwégien. Islandois.
Le Theuton, ou ancien Allemand, d'où	Mœso-Gothique. Anglo-Saxon, d'où Anglois & Ecossois. Le vieux Frison.	Allemannique. Franco-Théotisque, d'où l'Allemand mod. Flamand & Hollandois.
Les Langues Modernes, Filles du Latin & du Celte.	François. Italien. Espagnol. Portugais.	Langue d'Oc & ses branches. Valdois. Grison.
Diverses Langues d'Asie.	Chinois. Indien & ses Dialectes.	Persan. Turc.

PLAN GÉNÉRAL

Et tout autant de VOCABULAIRES, que j'ai pû analyser.

    Tartares.   Huron.
    Hongrois.   Caraïbe.
    Lapon.   Taïtien & autres
    Groenlandois.   d'Amérique.

Qui tous ont donné les mêmes résultats.

II.

LE DICTIONNAIRE COMPARATIF de toutes ces Langues.

Dans ce Dictionnaire, les Mots feront rangés chacun fous le mot primitif dont ils defcendent. Ceci forme des Compagnies nombreufes, par *Arbres Généalogiques* dont le mot primitif est la racine, comme un drapeau fert de point de ralliement.

D'abord on voit paroître les mots qui defcendent du primitif, & dans le fens propre : 2°. Tous ceux qui en defcendent au fens figuré : 3°. Tous les compofés.

Chacun par ordre d'ancienneté de Langues & de Nations ; enforte que, lorfque l'on arrive à nos Langues modernes, il n'est prefque plus néceffaire d'en joindre les mots à ces Familles, tant leur rapott avec ceux que les Langues plus anciennes ont déjà fournis, devient frapant.

Ces Familles de mots réuniffent les plus grands avantages.

1°. Elles contribuent à aprendre les Langues avec une facilité infiniment plus grande, en les liant les unes aux autres, & par le fon & par le fens.

2°. Elles font très-intéreffantes par le rapott qu'elles mettent entre des mots qui fembloient abfolument ifolés, & en démontrant la fauffeté de l'idée où l'on étoit que les mots dans chaque Langue, font l'effet du hazard : puifque rien ne prouve mieux que, lorfqu'on voulut affigner un mot à une idée, on le puifa toujours dans d'autres mots qui avoient quelque analogie avec ces idées.

3°. Elles démontrent que toutes les Langues ne furent dans l'origine que des Dialectes les unes des autres : & en voyant les divers ufages qu'elles font d'un mot radical, & le parti plus ou moins fécond que chacune en tire, on fent infiniment mieux pourquoi elles ont paru être abfolument différentes les unes des autres.

4°. L'on s'apercevra fur-tout, que la diférence des Langues confifte plus dans une diférence de prononciation, que dans celle des mots & de la Syntaxe. C'eft encore ici un Principe, auquel on n'a pas fait affez d'attention. On ne sauroit donc trop se rompre en étudiant les Langues, sur ces diverses prononciations : & c'est à quoi ces Familles de mots serviront très-efficacement, puisqu'on y verra sans cesse ces diverses prononciations usitées pour le même mot.

5°. On jouit sur-tout du spectacle singulier de voir les Nations cantonnées par leurs prononciations, comme elles le sont par leurs Habitations, & distribuées comme dans de vastes Cercles, placés les uns près des autres, dont les Peuples du centre ayant une prononciation particulière la communiquent à tous ceux qui sont dans le même Cercle ; mais en s'afoiblissant à mesure qu'elle s'approche de la circonférence, où elle se confond en quelque sorte avec celle du Cercle voisin, qui s'est afoiblie elle-même, à mesure qu'elle s'est éloignée de son propre centre.

6°. Ces Familles pouront encore servir à comparer le génie des Orientaux & des Occidentaux, & le parti qu'ils ont tiré des mêmes mots, pour la perfection de leurs Langues & de leurs idées.

7°. En voyant chez tant de Peuples le même son lié sans cesse avec les mêmes idées, on ne poura douter que ces mots ne soient tous sortis en effet d'une source commune, étant impossible que le hazard ait pû produire un accord si étendu, si frapant. Car, lors même que l'on contesteroit quelques-unes de ces comparaisons, il en restera toujours suffisamment pour faire impression ; sur-tout si l'on considére que ces Familles, quoique si nombreuses, sont encore très-incomplettes, parce qu'il est un grand nombre de Langues dont nous n'avons point de Dictionnaire complet, & que par raport aux autres, je n'ai pas même pris tous les mots qui se raportent aux Familles qu'ils fournissent, pour ne pas la surcharger, étant déja si nombreuses.

8°. Enfin, voyant les mêmes mots communs aux Celtes & aux Latins, être également en usage chez tous les Peuples du Nord & chez les Orientaux, on ne sera plus tenté de croire que les Celtes ne les tinrent que des Latins ; & la Langue Celtique reprendra entre les Langues, la place qu'elle y occupa autrefois, & qu'on ne pouvoit lui ôter sans injustice, & sans se brouiller sur l'origine des Langues de l'Europe.

CINQUIÉME OBJET.
DICTIONNAIRE ETYMOLOGIQUE
DE LA LANGUE LATINE.

Avec la marche & les principes par lesquels on se dirige dans ces recherches, il n'est aucune Langue dont on ne pût donner le Dictionnaire étymologique : cependant, nous ne ferons pas entrer ici ces Dictionnaires particuliers; ils ne seroient pas d'un intérêt assez général, & ils rendroient cet Ouvrage trop volumineux : on trouvera d'ailleurs dans le Dictionnaire comparatif les principales Familles de chaque Langue.

Distinguons cependant quelques Langues qui par leur utilité & par leurs raports avec les autres, méritent un examen plus particulier : telles sont la Latine, la Françoise, l'Hébraïque & la Grecque : toutes intéressantes comme Langues savantes, & comme Langues cultivées avec soin par l'Europe entière.

Nous en donnerons donc le Dictionnaire Etymologique, & nous le donnerons de la maniere la plus complette, & nous osons dire la plus solide : le Lecteur en jugera par l'analyse de nos procédés à cet égard, & d'abord pour la Langue Latine.

Ici, les mots latins seront classés suivant leurs raports avec les Langues déja en usage au tems des anciens Romains, ou même antérieures à ce Peuple. On verra leurs mots communs;

 1°. Avec les Grecs.
 2°. Avec les Celtes.
 3°. Avec les Orientaux.
 4°. Les mots composés par les Latins eux-mêmes & dont l'origine est ainsi dans la Langue Latine même.

Par cette Méthode, ce Dictionnaire sera extrêmement simplifié; puisqu'en restituant à chaque Langue ce que le Latin en a emprunté, nous n'aurons à rendre raison que des mots qui apartiennent strictement à la Langue Latine : tandis que l'on donnera la raison des autres, dans la Langue qui la premiere en fit usage.

Raportant ensuite les mots Latins à des Classes générales, dont chaque mot portera avec soi la raison qui le fit choisir pour exprimer telle ou telle idée, la connoissance de la Langue Latine en deviendra infiniment plus aisée : l'on ose assurer qu'en moins d'un an, à ne lire qu'une ou deux pages par jour, on pourra passer en revue avec le plus grand intérêt, tous les mots de la Langue Latine, & l'on sera en état de rendre raison de tous ; ce dont on n'a peut-être vu aucun exemple jusques ici, après vingt ans d'étude.

Mais passons à nos exemples étymologiques.

FŒMINA, *Femme.*

Si l'on entendoit dire que ce mot, dont jusqu'ici on n'a donné que des étymologies très-peu satisfaisantes, est le féminin du mot HOMINE, *Homme,* on en riroit : rien cependant de plus vrai. Je n'alléguerai pas, que dans toutes les Langues, c'est toujours un nom adjectif qui désigne l'Homme & la Femme, ou les deux Sexes : en Hébreu *Ish*, & *Isha*; en vieux Latin *Vir* & *Vira*, d'où *Virago* : en Grec *Anthropos* qui est masculin & féminin, &c. Il seroit donc assez étonnant que le mot *homine* n'eût point de féminin ; mais ici, le fait est d'accord avec la raison, & voici comme je le démontre.

Le féminin de *Homine* seroit certainement *Homina* : adoucissez *o* en *œ*, & changez l'aspiration en *F*, & vous avez *Fœmina*. Il n'est aucune Langue, même la nôtre, qui ne fournisse des exemples de changemens pareils. Les Béarnois disent *Henne* au lieu de *Fenne* ou *Femme*, & les Espagnols chez qui *Hombre* mot dérivé d'*Homo*, signifie *Homme*, en ont fait *Hembra* pour son féminin. Je ne doute pas que le mot *Hœmina* ne fût en usage chez les Osques & les Sabins qui aimoient les aspirations à la manière des Celtibériens, des Orientaux & de leurs Voisins les Toscans.

DELIRIUM, *Délire, Rêves des Malades.*

Les Latins disent également *deliratio*, pour désigner l'impertinence & l'extravagance d'une imagination folle, & qui n'a pas le sens commun. Personne qui ne voye que ces expressions sont figurées ; mais quelle en est l'origine ? le croira-t-on ? un objet agricole : les sillons d'un champ. On les apelloit en Latin *Liræ*, au singulier LIRA : la charrue doit aller en droite ligne : lorsque le laboureur sortoit du sillon, il alloit de travers, il DÉLIROIT : délire devint donc synonyme à extravagance : car *extravaguer*, c'est au propre comme au figuré, aller à travers champs, sortir du bon chemin.

Pendant que nous en sommes à ce mot, examinons un passage de PLINE, *liv.* XVIII. *c.* XX. qui se raporte à cette matière. « Il est » d'usage, dit cet Auteur, de recouvrir un champ semé avec la herse » ou avec une planche attachée à la charrue, ce qui s'apelle *lirer* : d'où est » venu le mot *Delirium*. »

Lirer ou *liræe*, dans nos Dictionnaires Latins, signifie tracer des sillons : dans Pline, c'est les abattre en égalisant la terre après les semailles. Ceci

a d'autant plus embarrassé le Traducteur François du XVIII°. Livre de Pline, qu'il s'est objecté ce passage de VARRON *de Re. Rust. liv. I. c. 29.*
« *Tertio, cùm arant jacto semine, boves lirare dicuntur; id est, cum tabellis*
» *additis ad vomerem simul & satum frumentum operiunt in porcis, & sul-*
» *cant fossas, quò pluvialis aqua dilabatur.* On ne se représente point,
» dit le Traducteur, cette méchanique. Une planche attachée à une
» charrue, peut bien abattre les sillons, & recouvrir la semence ; mais
» comment creuser en même tems une raie profonde pour l'écoulement
» des eaux ? »

Rien de plus simple cependant : la planche ou la herse qui abat les sillons, est tirée par les bœufs en même tems que la charrue : mais elle est placée à côté, & non derrière ; ainsi tandis que la charrue s'avance en creusant un profond sillon, la planche s'avance également de front, en abattant tous les petits sillons qui sont sur son chemin, & couverts de semence.

Lirare aura donc deux sens, abattre les sillons, & tracer des raies dans un champ. Nos Dictionnaires Latins ne marquent pas le premier ; ils sont donc inexacts.

AUGUR, *Augure.*

L'origine de ce mot, si intéressant pour les Romains, est encore totalement inconnue : on n'en a pas même donné une étymologie passable : on a bien vu à la vérité qu'il étoit composé, 1°. du mot AVE, *Oiseau* ; mais la seconde Racine a été indéchifrable pour les Latins eux-mêmes. SERVIUS sur *Aen. V.* le dérivé de *gero*, porter ; ISIDORE de *garrio*, gazouiller ; d'autres de *gustus*, goût ; OVIDE (Fast. I.) d'*augere*, augmenter, accroître. Mais l'on voit par le passage même, qu'il avoit moins en vue de donner une vraie étymologie de ce mot, que de flater Auguste.

VOSSIUS discute gravement toutes ces absurdités, & se décide enfin pour *gero*. L'on croit lire des discussions de Barbares, ou d'enfans, sur des objets où ils ne voyent goute : ils courent tous ici à des étymologies frivoles, laissant à côté d'eux la vérité belle & brillante. C'est de CURO que vint AUGURE : de *curo*, dont la signification propre est, *regarder*, *voir*, *observer*. AU-GUR signifie donc mot à mot *celui qui observe les Oiseaux*.

N'est-ce pas l'idée même du mot *Augure* ; ce nom qui sembloit fait par hazard n'est-il pas une peinture vive de l'idée qu'il fut destiné à représenter ? Telle est donc l'utilité des étymologies : elle donne de la vie aux cadavres ; elle rend l'étude des mots aussi intéressante, qu'elle est sans son secours rebutante & insipide.

AVENA, *Avoine.*

Ce mot ne signifia pas seulement, chez ce Peuple Agriculteur, de l'*Avoine*; mais, 1°. par synecdoque, de la *paille d'avoine*; & 3°. par métonymie un *chalumeau* : aussi le plus grand de leurs Poëtes n'a-t-il pas dédaigné d'employer dans ses vers un mot qui avoit tant de grace chez eux ; tandis qu'il est si peu de chose chez nous ; ainsi que tant d'autres mots dont nos Poëtes n'ont osé se servir, & auxquels nous reviendrons quelque jour, lorsque nos mœurs seront plus raprochées de la Nature toujours sage & toujours belle.

L'origine de ce mot n'a pas été plus difficile à trouver, que celle des précédens. Les Etymologistes qui n'avoient nulle idée des Racines primitives, y ont vû les uns un composé de *veneo*, les autres un dérivé d'*aveo*.

Mais il vient de la Racine primitive AB ou AV, qui signifie fruit, production de la terre.

C'est de cette même Racine *ab*, que les Celtes-Theutons, pour désigner la même production, firent le mot HABER, encore en usage chez les Allemands, tandis que les Belges le prononcent *Haver*, & les Suédois *Haffre*.

Les Etymologistes Theutons n'ont cependant pas mieux réussi que les Latins au sujet de ce mot, & par la même cause. WACHTER, dans son Glossaire Germanique, le dérive de l'Allemand ABEN, *manquer*, *dégénérer*, parce, dit-il, que les Naturalistes Latins, PLIN. *l.* 18. *c.* 17. prétendent que c'est un froment dégénéré.

POST, *Après.*

C'est une Préposition, mais rien de moins connu que l'origine de la plûpart des mots de cette espéce, & qui ne désignent pas des noms : cependant, sans leur connoissance, on ne sauroit avoir une idée éxacte des Langues : aussi s'attache-t-on dans cet Ouvrage à donner avec éxactitude l'origine de toutes ces espéces de mots. Celui-ci est né de l'Adjectif *posito*; ou plutôt, c'est une ellipse de la phrase POSITO HOC, qui signifie *cela posé, cela établi..... nous ferons telle & telle chose*.

On suprima d'abord *hoc*. *Posito* resté seul, & revenant sans cesse, devint *posto*, & puis *post*, en glissant sur la finale, très-inutile en cet endroit.

POST, chargé lui seul de la valeur de *posito hoc*, & devenu le François PUIS, fut un Etre singulier, dont les Hommes ne purent plus reconnoître l'origine, & qu'ils prirent pour un enfant du caprice, tandis qu'il s'étoit formé suivant toutes les régles de l'Analogie.

SIXIÉME OBJET.
DICTIONNAIRE ETYMOLOGIQUE
DE LA LANGUE FRANÇOISE

L'Art admirable avec lequel les Langues se formerent, ne se fait plus sentir dans la Langue Françoise. Quoiqu'elle soit au fond la Langue primitive, elle a souffert tant de révolutions pour arriver jusques à nous, elle a été si prodigieusement altérée par les diversités de prononciation & d'orthographe, & par les mots qu'elle a empruntés de toutes mains, de même que par le choc de tant de Nations qui se disputerent en divers tems l'Empire des Gaules, qu'elle a perdu toute idée de son origine ; & qu'au lieu de devenir plus abondante, elle s'est peut-être apauvrie, & a perdu cette merveilleuse facilité, avec laquelle la Langue primitive savoit se prêter à tous les besoins des hommes ; facilité à laquelle les Grecs, les Arabes & les Chinois sont si redevables.

Il nous seroit cependant fort avantageux de connoître les étymologies de notre Langue.

1°. Pour débrouiller l'Origine de la Nation Françoise.

2°. Pour mieux connoître la source de nos Coutumes, de nos Mœurs, nos anciens Monumens, &c.

3°. Afin de pouvoir rétablir l'énergie de notre Langue, son élasticité en quelque façon ; ensorte qu'elle pût, d'un côté, nous servir d'entrée à la connoissance des autres Langues ; & d'un autre, se prêter plus aisément aux Connoissances que nous ne cessons d'acquérir.

Nombre de Savans ont donc cherché avec soin l'origine de cette Langue: nous avons même de gros Dictionnaires où l'on nous promet ses étymologies : & nous n'en sommes pas plus avancés.

Deux choses s'oposoient à ce que cet Ouvrage fût bien fait.

1°. L'idée où l'on étoit que le François descendoit uniquement de la Langue Latine, avec quelque mêlange de la Grecque : & que celle-là avoit totalement anéanti celle que l'on parloit auparavant dans les Gaules.

2°. Lorsqu'on étoit arrivé à une origine Grecque & Latine, on ne savoit plus où aller : ceux qui ont voulu remonter plus haut, s'étant égarés eux-mêmes. Ils regarderent la Langue Latine comme Fille uniquement de l'Hébraïque & ne la comparerent jamais avec la Langue des Celtes, premiers Habitans de l'Europe, & qui y avoient aporté la Langue primitive : aussi n'ont-ils pû réussir.

Mais

Mais au moyen des Racines primitives & du Dictionnaire comparatif des Langues, on est en état de reconnoître l'origine de tous les mots de notre Langue : c'est le VIe. Objet de cet Ouvrage.

Là du Mot François, on remonte au primitif, à travers toutes les Langues & tous les Peuples, par lesquels il est passé pour venir jusqu'à nous.

Cette portion du grand Ouvrage que nous offrons au Public, doit intéresser d'autant plus tout François qui a quelqu'attachement pour sa Langue, que l'on y trouvera sans doute des ressources pour supléer à tout ce que nous avons perdu à cet égard ; par une suite des terribles révolutions que nous avons essuyées depuis les premiers changemens, que la Langue primitive éprouva dans nos Contrées.

Ajoutons que l'on pourra par ce moyen former un Alphabet plus abondant, plus conforme à nos besoins, mieux assorti à nos mots.

Afin que nos Lecteurs puissent se former une idée plus précise de l'utilité de cette portion de notre travail, de l'intérêt dont elle peut être, & de la manière sûre avec laquelle nous cherchons à marcher dans la recherche des étymologies françoises; nous allons raporter quelques-unes de ces étymologies qui présenteront des mots françois venus, les uns du Latin, les autres du Grec, des troisièmes des Langues Celtiques, d'autres des Langues Orientales, &c.

Commençons par les étymologies des mots LETTRE & ACADÉMIE si intéressans pour ceux qui aiment à s'instruire, & qui cependant avoient tous deux fort à se plaindre des Étymologistes.

Car ils n'avoient donné aucune étymologie suportable du premier, & ils s'en tenoient par raport au second à une étymologie tout-à-fait incomplette, & par conséquent nulle en quelque sorte.

LETTRE.

L'on peut voir dans Vossius les diverses étymologies que l'on a données de ce mot, dont on ne sauroit adopter cependant aucune, tant elles sont froides & peu satisfaisantes.

On l'a tiré, par exemple, du grec *litos* (petit,) parce que les Lettres sont petites ; du latin *litum* (oindre,) parce qu'on oint le papier d'encre ; du latin *litura*, parce qu'on efface l'écriture ; ou de *lineatura*, parce qu'avec elles on forme des lignes. Toutes ces raisons, loin d'être vraies, ne sont pas même probables. Les LETTRES, sur-tout dans les commencemens, furent des traits gravés dans la pierre, ou sur le bois : ce furent des incisions ; elles durent en prendre le nom, comme notre mot TAILLES vient de tailler. LETTRE vient donc de LET, prononcé aussi *lez*, *led* mot primitif qui signifie *tailler*, *couper*, *blesser*, *faire des incisions*.

On verra ce mot & ses dérivés, dans le Dictionnaire Primitif, à

F

l'article LAD; & dans le Dictionnaire comparatif, à l'article LAD, LES, LEZ, les familles ou branches qu'il a formées dans chaque Langue.

ACADÉMIE.

L'on croit ordinairement & d'après les Grecs, que ce nom vient d'un certain *Academus* qui fournit son jardin pour en faire le rendez-vous des Savans. Cette étymologie merveilleuse pour les Grecs, qui pour voiler leur ignorance, avoient toujours un nom propre tout prêt pour rendre raison de leurs origines, n'est d'aucune valeur pour nous qui les recherchons avec plus de soin.

Les Sciences furent aportées dans la Gréce par les Orientaux. Ceux-ci s'apeloient dans leur Langue CADMI. Tout savant Oriental fut donc un *Cadmus* : & le lieu où il enseignoit, une *Académie*.

Ne soyons donc pas étonnés, si c'est *Cadmus* qui aporte dans la Gréce la connoissance des Lettres, & s'il y eut dans Thébes un endroit principal apelé la CADMÉE : ce fut la premiere Académie de l'Europe : là se rassembloit toute la Jeunesse Grecque pour entendre les Phéniciens qui y tenoient des Ecoles de Littérature Orientale. Ce nom d'*Académie* passa à Athènes; il y fut également un jardin possédé par un A-CADEMUS, ou un Savant.

EXEMPLES de mots François venus du Latin.

BREBIS, est l'Italien *Berbice*; ces deux mots s'accordent avec le Latin VERVICE & viennent d'une même origine : *Voyez* Dictionnaire Etymologique de la Langue Latine, Art. VERVICE.

SALAIRE. Recevoir Salaire, c'est être nourri du SEL de son Maître, ou plutôt, c'est en recevoir ce qui est nécessaire pour sa subsistance. Le SEL faisant une partie essentielle de la nourriture, on prit ici la partie pour le tout : ce qui arrive si souvent. Cette figure étoit très-ordinaire aux Orientaux; les Chaldéens apeloient les gages & les apointemens du nom de SEL. Les Officiers du Roi disent, dans le IVᵉ. Livre d'Esdras, chapitre XIV. qu'ils sont SALÉS DE SEL ROYAL, c'est-à-dire, nourris du Sel Royal, ou aux gages du Roi. C'est dans ce sens qu'il est dit au XVIIIᵉ. Chap. des NOMBRES, vers. 19. que *les chairs des Sacrifices seront à toujours le* SEL PUR *des* SACRIFICATEURS, c'est-à-dire, leurs Salaires, leurs Apointemens.

Ce mot *Salaire*, venant de SAL, est donc d'origine Latine; voyez l'origine de SAL, *Dictionnaire étymologique de la Langue Latine*, Art. SAL.

APANAGE. Ce mot s'est formé de la même manière que celui de Salaire, la partie pour le tout. Un *Apanage* consiste dans les Terres que l'on donne à quelqu'un pour sa subsistance, pour son entretien, mot à mot pour son pain, *ad panem*: voyez *Dictionnaire étymologique* de la Langue Latine, Art. PANE.

DENRÉE, en Italien *Derrata*. Ce mot se prononçoit autrefois en trois syllabes Dénérée & puis *Dannerée*. Dénérée étoit le mot Latin-Barbare Deneriata, qui désignoit toute chose qui se vendoit par deniers, & non par livres ou par écus : c'est-à-dire, toutes les Marchandises de détail, & non celles qui se vendent en gros. On en fit le verbe *adénérer*.

PISTE. Suivre quelqu'un à la piste, c'est le suivre à la trace de ses pieds. Les Italiens disent également *Pesta* dans le même sens ; mais ils ont de plus le verbe *pestare*, pour dire aller à la piste, suivre la piste : l'étymologie de ce mot n'est pas difficile à découvrir, il est formé de deux mots latins, *pes* pied, & *stare* être, éxister, demeurer ferme. En effet c'est la trace du *pied* qui reste marquée, imprimée sur le terrain ou sur la neige.

PUIS, racine de nos mots PUISQUE, DEPUIS, est un de ces mots dont la voyelle latine s'est associée à la Lettre *i* en passant dans le François. C'est l'Italien *Poi*, l'Espagnol *Pues*, le Languedocien *Pié*. C'est donc le Latin POST, prononcé *poist* & ensuite *puis*, tous mots signifiant *après*. C'est ainsi que d'*Apostolus*, nos Ancêtres avoient fait *Apostoile* Mais si l'on veut savoir l'origine de POST, voyez ce mot dans le Dictionnaire étymologique de la Langue Latine.

TIEDE, autrefois on écrivoit *tiepde* : c'est l'Italien *tiepido*, mot qui s'est formé du Latin *tepido*. Notre Langue & sur-tout les dialectes de la Langue d'Oc, sont remplis de mots pareils empruntés du Latin, où la voyelle de la première syllabe se fait précéder d'un *i*.

Mots communs au François, & à l'ancien Grec.

La Langue Françoise a un grand nombre de mots qui lui sont communs avec la Langue Grecque, ou qui en viennent directement ; tels par exemple :

LITRON, qui vient du Grec *Litra* Λίτρα, sorte de mesure.
BROC de Vin, du Grec *Brochó* Βροχῶ, avaler, boire.
SOUDAIN en Grec, *Sudèn* Σὐδὴν, promptement, aussi-tôt.
FRIRE, en Grec *Phrygein* φρύγειν, comme en Latin *frigere*, torrifier, faire cuire.

PERRUQUE. Ce mot vient du Grec *Purrhos* Πυῤῥὸς, qui signifie *Roux, couleur de feu*. Que l'on ne soit pas surpris de cette étymologie. Les anciens Celtes n'aimoient que les cheveux roux : il en fut de même à Rome. Aussi les Dames Romaines dès le tems d'Auguste, faisoient venir des Gaules & de la Germanie des tours de cheveux roux ; c'étoient au pied de la Lettre, en Grec des *Purriques*, dont nous avons fait *Perruques*. Les Grecs apeloient dans ce sens *Purrhotrique*, un homme aux cheveux rouges. Cette étymologie non-feulement eft fondée fur les mots : mais encore fur un ufage réel, & qui fe lie intimément avec ces mots. Elle eft donc vraie, & elle nous aprend outre cela que l'invention des Perruques n'eft pas de nouvelle date, comme on avoit cru ; qu'elle eft renouvellée des Grecs & des Gaulois. C'eft ainfi qu'il n'y a rien de nouveau fous le foleil.

POÊLE. Nous avons deux mots François qui fe prononcent à peu près de même : 1°. Poele qui fignifie un fourneau & un apartement qui s'échauffe par un fourneau. 2°. Poele qui fignifie un *Dais*, & un drap mortuaire.

Cependant ces deux mots viennent de deux fources fort différentes.

Le premier du Grec *Puelos* πυελϴ, lieu chaud, une étuve, une chambre à fourneau. Le fecond, du Latin Pelle, une étoffe à poil & veloutée.

Cette lifte de mots François venus du Grec, fera moins confidérable que celles que nous donnent les Etymologiftes : parce que toutes les fois qu'ils ont vû du raport entre un mot François & un mot Grec, ils ont cru que ce mot François venoit du Grec : faux principe qui brouilloit tout, parce qu'une très-grande partie des mots communs au François & au Grec, viennent d'ailleurs chez les deux Peuples.

Mots François venus du Celte.

DISETTE. Ce mot eft compofé de la prépofition négative *Dis* & du mot Celte ETT ou ED, qui fignifie *nourriture*, & d'où viennent l'Anglois *to eat*, & le Latin *edere*, qui fignifient tous deux *manger*.

BEDEAU, REPETER & INVITER. Tous ces mots qui n'ont plus de raport en François, viennent du primitif BED qui défigne toute idée relative à invitation & demande : de-là le vieux verbe latin *beto* dont parle VARRON, & qui fut enfuite changé en *peto*, qui fignifie *demander, prier, inviter*, & dont nous avons fait *répéter*, pour dire redemander. Les Anglo-Saxons ont ce verbe, qu'ils prononcent BYD. Bedeau s'eft auffi prononcé BEDEL, d'où PEDEL dans le Pays de *Vaud*, nom du Bédeau dans l'Académie ou Ecole illuftre de Laufanne, ainfi que dans les Univerfités d'Allemagne. De-là le verbe Theuton BYD, inviter qui prononcé *wit*, a fait le verbe *invitare* des Latins, d'où nos mots *inviter* & *invitation*.

RADEAU, apartient à la racine Celte RAT, paffage de rivière, dont les Latins formerent également RATES.

Ces mots ont une grande affinité avec le mot grec *raptein*, affembler, l'Oriental *rapfod*, une barque, parce qu'elle eft formée de bois liés enfemble, & le grec *rapfodie*, chofes coufues & affemblées.

ALOUETTE. Les Latins nous aprennent que ce mot étoit Gaulois

& qu'il se prononçoit ALAUDA. C'est donc le mot *Al-aud*, un Chantre un Musicien, d'où vint aussi l'Oriental *Al-aud*, instrument de musique, dont nous avons fait le mot LUTH. Les Bas-Bretons apelent encore l'Alouette HUIDÉ, & les Gallois *Hédydd*, tout cela de la racine primitive, conservée aussi dans l'Hébreu הוד *Hwid*, oiseau, d'où le verbe H U D chanter, dont vint également *Ode*, qui dans l'origine désignoit une chanson, un air : cette famille totalement inconnue jusqu'à présent, ainsi qu'une multitude d'autres, est cependant aussi intéressante que nombreuse.

Mots François venus de la Langue des anciens Francs.

Les Francs aporterent avec eux leur Langue dans les Gaules ; & quoiqu'ils l'aient ensuite prodigieusement altérée, ils ont néanmoins conservé un très-grand nombre de mots venus de la Germanie : ne soyons donc pas étonnés qu'ils ayent un fonds de mots, dont on chercheroit inutilement l'origine ailleurs que dans l'ancienne Langue Germanique ; & que ces mots leur soient communs avec les Allemands : donnons-en quelques exemples.

DEROBER, vient de l'ancien Theuton *Raub*, proie, rapacité, vol : *rauber*, un voleur : *rauben*, voler, piller ; ce mot, dit WACHTER dans son Glossaire Allemand, est de la plus haute antiquité : commun aux Scythes & aux Celtes, il existe chez les Perses, les Gallois, les Bas-Bretons, les Anglo-Saxons, les Goths, les Espagnols, les Italiens ; dans le Latin Barbare, &c.

GAZON, vint de WAS, qui se prononce *Wasen* en Allemand. Dans l'ancien François, *Wase* signifie *Glebe*. Rien de plus commun d'ailleurs que les *W* changés en *Gue*, ou *G*.

ECHARPE, en Allemand *Scherpe* : tous les deux viennent du Grec KEIRIA, bande, étoffe coupée dans sa longueur.

GOUACHE, sorte de Peinture en détrempe. Ce mot vient de l'ancien Theuton WAX, aqueux, mol, plein d'eau ; mot Anglois, Belge, Allemand, &c. De la même source viennent *Vaschen*, en Allemand, laver, *vase* en François & au feminin, pour désigner du limon. C'est le vieux Anglo-Saxon, *vase*, boue, limon, que les Grecs changerent en *Asis*.

BRISE, nom qu'on donne sur Mer à une espèce de vent : c'est l'Anglois *Breath* prononcé *Bréz*, qui signifie souffle, vent.

TRICOTER, mot de quelques Provinces pour dire *faire des Bas* à la main ; ceci tient à l'Allemand *Stricken* & au Sueo-Gothique *Stricka*, mots qui signifient faire des *nœuds*, des *reseaux*, des *filets*.

Mots François venus des Langues Orientales.

LEZARD, en Latin *Lacertus* qu'on peut prononcer *lazertus*. Otez la terminaison latine, les deux mots seront les mêmes. Ils se sont formés sur l'Oriental *Léza* joint à la terminaison AR, ARD, ERT.

LEZA, qui signifie *Lézard* chez les Orientaux, n'est donc autre chose que notre mot *Lezard*. Cet animal fut ainsi apelé du mot primitif LATH caché, prononcé *laz* & *lez*, parce qu'il se cache dans les trous des murs.

Cette terminaison *ar*, *ard*, *ert*, avoit empêché également de reconnoître l'origine de plusieurs autres mots : tel celui de RENARD : ôtez sa terminaison, reste REN, ou RIN, mot Grec qui signifie NÉS & au figuré, *finesse*, *ruse*. On apela donc cet animal en Grec de Provence & de Languedoc, RENARD, à cause de sa finesse : c'est ainsi que dans la Langue des anciens Medes & Perses ou Zend, un même mot (*Talman*) signifie également *nés* & *Renard*.

Ajoutons encore sur le mot *Lézard*, que son nom Oriental *Leza*, *Leta*, *Lata* est le même que celui de LATONE ; & que lorsque l'on inventa l'Histoire de Latone qui est obligée de se cacher & de s'enfuir, & que ses enfans Apollon & Diane vengerent des insultes de *Niobé* & de ses quatorze enfans, c'étoient autant de faits relatifs à la signification même du nom de *Latone* & aux qualités physiques de l'être auquel on donna ce nom : comme nous le verrons dans la partie mythologique, aux articles LATONE & NIOBÉ.

CRYSTAL, en Grec *Kryſtallon*, vient du Grec *Kryon*, qui signifie glace : mais qui est lui-même le mot Oriental *Kreh* קרח glace, crystal.

TAUREAU, en Latin *Tauró* est le Grec *Tauró*, l'Oriental *Tor* & *Tſor*.

GUERRE. Ce mot dont on a cherché assez inutilement l'étymologie, est un mot de toute Langue, mais qui s'est altéré légèrement en passant de l'une à l'autre. Notre mot *Guerre* est très-certainement le WAR des Anglois, & le GHER des Celtes. C'est le ARA des Grecs, Ruine ; leur ARÈS, Mars ; leur ERIS, guerre, discorde, &c. l'AR des Suédois, le HER חר .des Arabes, & des Ethiopiens, le HWER, ou *G'her* עד des Hébreux, qui signifie chez tous Guerre : 2° Guerrier.

En se chargeant du T terminal si commun aux Occidentaux, Gher devint CERT, guerre, d'où naquirent CERTO & CIRT*amen* des Latins qui signifient combat & combattre.

ACRE, qui désigne une portion de terre labourée, vint de l'Oriental ACR, אכר, *Champ*, *Terre labourable*, d'où vinrent AGRO des Grecs & des Latins à l'ablatif, & dont on fit *Agri-culture*. Cet Art inventé dans l'Orient porta ses mots avec lui, en passant d'Asie en Europe.

GONIN. Ce mot qui n'éxiste que dans ces phrases proverbiales, *Maître Gonin*, un tour de *Maître Gonin*, désigne un Maître passé en ruses & artifices, un homme fin & rusé. Son origine étoit totalement inconnue. MENAGE rejette avec le plus grand mépris l'opinion de ceux qui la tiroient de l'Hébreu גנן *Gwunen*, Devin, Enchanteur : il est vrai que ceux-ci la proposoient trop légèrement & sans preuves : MENAGE eût dû être cependant moins dédaigneux, puisqu'il n'y pouvoit rien substituer.

Il est incontestable que ce mot nous est commun avec les anciens Hébreux, quoiqu'il ne nous vienne pas d'eux. Nous le devons aux Anglois. *Cunning* désigne chez eux un homme adroit, fin, rusé. *Master Cunning* a fait *Maitre-Gonin*. Ce mot vient du primitif CEN prononcé *Ken* qui signifie habileté, art, puissance : les Irlandois en ont fait *Kann* je sais, *Kunna* savoir, *Kenning* science, *Kenni-Menn* hommes savans, Docteurs, Prêtres.

C'est un mot commun à tous les dialectes du Celtique & du Theuton, au Grec où KONNE *ein* signifie savoir, être intelligent & habile, &c. aux Langues Tartares, &c.

Les Anglois associant *Cunning* avec *Man* homme, en font le mot *Cunning-Man* qui signifie Devin, Enchanteur, homme qui fait de grandes choses, & qui est habile : c'est donc le correspondant du mot hébreu *Gwunen*, Enchanteur, Devin, *Gwuna*, Magicienne, Devineresse ; d'où le verbe *Gwunen* deviner, observer les Augures, faire des prestiges. Ne soyons pas étonnés de voir ce mot commun à tant de Peuples & si ancien ; il vint chez tous d'une source commune, de la haute Asie berceau de tous ces Peuples & de leur Langue.

Cette classe des Mots communs à notre Langue & aux Orientales, sera beaucoup plus nombreuse qu'on ne pense : elle contiendra une multitude de mots usités dans le Langage ordinaire, & de termes d'Arts & de Sciences, d'Agriculture, de Marine, de Musique, de Botanique, de Médecine, d'Astronomie, &c. nés dans l'Orient avec ces Arts, & qui passerent avec eux en-deçà des mers.

Mots composés par les François.

On verra enfin dans ce Dictionnaire des étymologies Françoises, nombre de mots composés par les François eux-mêmes, par la réunion de deux ou trois mots, tels sont ;

Soucoupe.	Aujourd'hui.
Licou.	Désormais.
Au.	Passe-partout.
Du.	Porte-manteau.

SEPTIÉME OBJET.
DICTIONNAIRE ETYMOLOGIQUE
DE LA LANGUE HEBRAÏQUE.

UN Dictionnaire étymologique de l'Hébreu fera fans doute un phénomène nouveau dans la Littérature, & paroîtra une entreprise hardie à ceux qui possedent le mieux cette Langue : mais c'est une suite naturelle de notre marche & de nos principes. Si nous avons trouvé la Langue primitive, nous devons voir ses raports avec l'Hébreu & connoître par conséquent les origines de celui-ci.

Jusqu'ici on avoit cherché dans l'Hébreu l'origine de toutes les autres Langues : mais personne n'avoit pensé ni pû penser à remonter à la source de celle qu'on regardoit comme la Mere de toutes ; elle étoit le *non plus ultrà* des Etymologistes. Une fois parvenus à ce point, ils croyoient qu'il ne leur restoit plus de recherches à faire, ni de découvertes à espérer ; & qu'ils pouvoient se reposer sur les lauriers que leur avoient acquis leurs travaux. Certainement ils étoient grands ces travaux, & d'autant plus pénibles, qu'ils étoient diamétralement opposés à la nature des choses : & que l'on n'a pas de plus grands obstacles à vaincre, que lorsqu'on a perdu le fil de la vérité, & qu'on prend l'erreur pour elle.

Nous n'aurons pas les mêmes peines à essuyer ; & la facilité avec laquelle nous nous tirerons de cet embarras extrême, sera un surcroît de preuves de la bonté de nos Principes, & d'avantages pour ceux qui veulent puiser les connoissances dans leurs sources.

Lorsque nous disons que l'Hébreu n'est pas la Langue primitive, & qu'ainsi l'on peut indiquer l'origine de ses mots, nous parlons de l'Hébreu tel qu'il éxiste pour nous, tel qu'il est dans les livres de Moyse, & dans ceux des Auteurs qui l'ont suivi, puisqu'en effet on ne peut parler que de cet Hébreu.

Mais cet Hébreu-là n'est point la Langue primitive telle qu'elle étoit dans son origine.

1°. Il renferme une multitude de composés qui n'ont pû être que l'ouvrage de tems postérieurs.

2°. A cause de ces dérivés & composés, les Hébreux négligerent une multitude de racines ou mots primitifs qu'il faut chercher dans d'autres Langues.

3°.

3°. La plûpart de ses prétendues racines, ne sont que des verbes, espéce de mots qui n'ont jamais pû être primitifs.

4°. Cette Langue s'est chargée d'un grand nombre de termes, sur-tout de termes d'Arts en usage chez les Peuples voisins des Hébreux, & chez qui ceux-ci avoient séjourné, ou avec lesquels ils étoient liés par le Commerce.

Il n'est pas même nécessaire d'analyser les mots hébreux pour s'assurer que cette Langue n'est pas la primitive, quoiqu'entée sur celle-ci, & qu'elle en soit née, peut-être long-tèms avant aucune de celles que l'on parle en Europe.

Toute Langue parlée par un Peuple qui la cultive, & qui a des Ecrivains, sur-tout des Poëtes, ne sauroit rester dans son état primitif : & elle changera d'autant plus vîte, que ses Écrivains se suivront de près. Les idées se multiplient, l'oreille se forme, la Langue acquiert du nombre & de l'harmonie, le coloris se perfectionne ; de-là, des changemens de toute espéce ; les monosyllabes s'allongent, les dérivés augmentent, les composés naissent de toutes parts.

Il y auroit donc une contradiction grossiere, à dire que l'Hébreu eût des Écrivains, des Législateurs, des Historiens, des Poëtes, &c. & qu'il n'essuya aucune révolution dans ses mots.

Il étoit encore tout aussi contradictoire de la regarder comme la Langue primitive, & de ne voir cependant que des verbes dans ses racines. C'étoit n'avoir jamais réfléchi sur la formation des Langues : c'étoit abandonner Moyse lui-même qu'on prétendoit suivre, & qui fait commencer le Langage par les noms imposés aux Animaux.

Dans notre Dictionnaire Hébreu, les noms monosyllabes seront les seuls mots que nous regarderons comme primitifs : tous les autres, même les verbes monosyllabiques, nous les ramenerons constamment à des racines d'une seule syllabe, subsistantes encore dans une Langue ou dans une autre.

Ainsi l'on verra se fondre tout ce qu'on appelle racines & mots hébraïques, qu'on trouve cependant si peu nombreux, en un très-petit nombre de mots radicaux ; & nous ferons voir l'origine de ceux-ci au moyen de notre Dictionnaire primitif ; ensorte qu'il ne restera nulle incertitude à ce sujet.

Cette Langue, qui paroissoit si difficile, & si différente des nôtres, par une suite des erreurs inévitables dans lesquelles on étoit tombé à son égard, & parce que l'on avoit perdu de vue sa prononciation primitive, par laquelle elle tenoit à toutes les Langues, rentrera de cette manière dans la classe de nos Langues d'Europe, s'aprendra par les mêmes principes, & se simplifiera singuliérement.

Elle deviendra, par-là, d'autant plus intéressante, que nous y trouverons l'origine d'une multitude de choses utiles, pour la connoissance de l'antiquité, & que l'Orient moderne nous donnera beaucoup moins de peine, pour nous familiariser avec lui, & avec ses Langues.

Mais, donnons quelques exemples de ces diverses assertions.

On ne mettra plus au rang des Radicaux les mots suivans, ni aucun de ceux qui seront de la même nature.

אבנט	*A - Bent*	Baudrier.
אכיל	*A - Kil*	Mets.
אמון	*A - Mun*	rendre ferme, assurer.
יקר	*I - Kar*	chose chere, rare, précieuse, &c.
ענב	*Og - Ab*	aimer avec transport.
אלגביש	*El - Gabish*	Grêle grosse comme un œuf.

Car tous ces mots sont composés.

Les trois premiers de la voyelle *A* & des radicaux que nous prononçons *bande*, *chyle* & *munir*.

Le 4ᵉ de la voyelle *i*, ou *ei*, & du mot *carus*, ou *cher*.

Le 5ᵉ des primitifs *og* grand, d'où *augere*, augmenter, & *av* amour, désir, d'où le Latin *aveo*.

Le 6ᵉ des trois mots *el* pierre, en usage encore dans les Langues du Nord, *gab* gros, *bits* œuf.

Dans ceux-ci,

כתנת	*Ketonth*	Tunique, Manteau.
לאה	*Lae*	lasser.
לאט	*Lat*	cacher, couvrir.
להג	*Leg*	lire, étudier
לוט	*Lut*	mastic, mastiquer.
לוז	*Luz*	écarter, séparer.

Nous reconnoîtrons sans peine;

Le *Khiton* des Grecs, une tunique, d'où *Hocqueton*.

Les mots *lateo* & *lego* des Latins, cacher & lire, & nos mots *las*; *luter* un vase, ou le mastiquer, & le Suédois *luxar*, souder: *luxer* & *luxation*.

Ceux-ci nous donneront des origines intéressantes.

Ahs dar-Pni, ou *Satrapeni*, les Satrapes; mot à mot, ceux qui se tiennent devant la face *du Prince*.

Recam רקם *broder*, est notre mot *recamer*, & l'Italien *recamar*, qui signifie broder.

Czar כור signifie une hache. De-là, la dignité apelée chez les Babyloniens *Adar-Czar-ia*, la Grand'Hache, ou le Grand-Justicier. Ces Peuples mettoient une hache dans la main de leurs Dieux, comme les Cariens dans celle de Jupiter, pour marquer l'autorité suprême.

DU MONDE PRIMITIF.

De-là, les *Czars* de Russie, & de Tartarie : & peut être le nom même de la famille de *César* venue de l'Orient.

On verra encore dans ce Dictionnaire, que nombre de mots primitifs furent altérés par les Hébreux, tandis qu'ils ne l'étoient pas par d'autres Peuples ; c'est ainsi qu'en ajoutant *r*, ou *ar* à divers radicaux, ils changerent.

<blockquote>
Vacca   en <i>Vascar</i> Vache.
Sing, ou <i>Sim</i> en <i>Zimar</i> Chant.
</blockquote>

Mots Hébreux, dont, sans cette observation, on n'eût pu découvrir l'origine.

Enfin, on trouvera dans ce Dictionnaire, le sens d'un assez grand nombre de mots des Livres Hébreux, qui avoient été mal rendus, ou dont on avoit absolument perdu la signification propre ; & que l'on rétablit par le sens de l'ensemble, & par la valeur que ces mêmes mots ont dans les Langues analogues.

HUITIÉME OBJET.
DICTIONNAIRE ETYMOLOGIQUE
DE LA LANGUE GRECQUE.

SI la Langue Hébraïque méritoit par son utilité & par le nombre de ceux qui l'étudient, que l'on en facilitât l'intelligence, au moyen de son Dictionnaire étymologique; il en est de même de la Langue Grecque. Modèle le plus parfait des Langues, & cultivée par tous ceux qui se proposent de parvenir à la connoissance du beau, d'épurer leur goût, d'étendre leurs idées, de se mettre en état de les peindre avec autant de force que de graces & d'harmonie, nous ne saurions la négliger dans un ouvrage de la nature de celui-ci. Nous croyons donc rendre un service essentiel à la Littérature, en remontant à l'origine de cette Langue, liée elle-même à la plûpart de nos Langues d'Europe, & en faisant voir dans quelles sources ce Peuple intéressant puisa ses mots, & comment il parvint à étendre, à embellir & à diversifier ce premier fond, & à le faire disparoître en quelque façon par la maniere dont il sut se le rendre propre.

Les Savans avoient très-bien aperçu, que cette masse immense de mots qui composent la Langue Grecque, se réduisoit à un certain nombre de radicaux : & l'on en a fait des recueils aussi bons qu'ils pouvoient l'être, dans les tems où l'on y travailla.

Mais on en multiplia beaucoup trop les objets, parce qu'on ne put s'élever jusques à la source premiere de ces racines. Ainsi nous réduirons au moins des deux tiers les mots radicaux de cette Langue en suprimant une multitude de dérivés & de composés qui s'y étoient glissés mal à propos, & en ramenant tous ces mots aux monosyllabes primitifs : ne laissant subsister comme racine aucun mot qui ne soit monosyllabique. Ainsi disparoîtront du rang des radicaux :

Ἀγανακτέω	*Aganakteó*	s'indigner.
Ἀγαπάω	*Agapaó*	aimer.
Ἀλκή	*Alcé*	force.
Ἀμοιβάς	*Amorbas*	Suivante.
Ἀμφισβητέω	*Amphisbêteó*	douter.

Ce sont des mots composés.

DU MONDE PRIMITIF.

Le premier, de l'adverbe AG qui signifie extrêmement, & de la racine AK, pointe, douleur.

Le second, du même adverbe AG, & du verbe AY, aimer fort.

Le troisiéme, du primitif KE ou qué, force.

Le quatriéme, du verbe BA, aller, & de amaur, ombre.

Le cinquiéme, d'amphi, autour, & de bateo, aller.

Les Mots suivans, qu'on a regardés comme des racines,

Ἀγαθὸς	Agathos	bon.
Ἀγάλλω	Agalló	parer, orner.
Ἀθέλγω	Athelgô	traire.
Ἀθύρω	Athurô	jouer.
Αἰκάλλω	Aikalló	flatter.
Ἀκόνη	Akoné	pierre à aiguiser.

seront ramenés à leurs simples, tous Celtiques & Orientaux.

Gad ou *God*, bon.
Gal, beau, agréable.
Thélu, mamelle, sein.
Thur, portes de maison devant lesquelles on jouoit.
Cal, flateur; d'où le Suédois *Kela* flater, & le François *Calin*.
Caun, roc, pierre.

L'on verra que ces mots regardés comme radicaux,

Ἀμαλὸς	Amalos	tendre, délicat.
Ἀνδάνω	Handanó	plaire.
Ἄργυρος	Arguros	argent.
Ἀείρω	Aeiró	élever, oser.
Αἱρέω	Haireô	prendre.

ne sont que des nuances des mots suivans:

Ἁπαλὸς	Hapalos	tendre.
Μαλάσσω	Malassô	amollir.
Ἁδέω	Hadeô	plaire.
Ἀργὸς	Argos	blanc.
Αἴρω	Airô	élever, prendre.

Ceux-ci mis auſſi au rang des radicaux,

Ἀλάομαι	Alaomai	errer.
Ἀλαός	Alaos	aveugle.
Ἀλήθεια	Alètheia	vérité.
Ἀμύμων	Amymon	irrépréhenſible
Ἀμυδρός	Amydros	ſombre, obſcur

ſont tous formés de l'A privatif, ou négatif & de mots qui ſignifient l'opoſé de ceux-là : de *Laô* voir, *Létho* cacher, *Momos* faute, *Mydros* étincellant, brillant.

De même Ἄμπελος *Ampelos*, qui ſignifie vigne, n'eſt point un mot Grec, ou radical : il vient de l'Oriental APEL, ou WPEL העל qui ſignifie *côteau*, *lieu élevé*, *vignoble*, & dont les Grecs, en le naſalant & y ajoutant leur terminaiſon *os* firent *ampelos*. Ce mot lui-même étoit compoſé du primitif *Fal* ou *Phal*, qui ſignifie dans toutes les Langues *élevé*. L'on ſait d'ailleurs que les Grecs aimoient à changer les voyelles ſimples en voyelles naſalées : c'eſt ainſi que de *Labô* ils firent *Lambanô* prendre, de *hadeô* plaire, *handanô* : & de *Matheô* aprendre, *Manthanô*. Ces Verbes eux-mêmes venoient des primitifs *lab* main, *had* terre délicieuſe, *Math* meſure, & qui exiſtent encore aujourd'hui dans diverſes Langues.

La multitude de mots Grecs que nous joignons ici, comme n'étant que des dérivés de la racine primitive MAR qui ſignifie *jour*, *clarté*, & que l'on nous donnoit cependant comme autant de mots radicaux dans la Langue Grecque, que nous retranchons par la même du nombre de ſes racines, prouvera quelle réforme prodigieuſe nous ferons à cet égard & à quel petit nombre de primitifs ſe réduira cette Langue ſi riche & ſi cultivée.

MAR, mot primitif, ſignifiant jour, a fourni à la Langue Grecque tous les dérivés ſuivans, qui furent toujours regardés très-mal à propos comme de vraies racines.

Μαίρω	Mairô	briller.
Μαῖρα	Maira	la Canicule ou Sirius, la plus brillante des étoiles.
Μάργαρον	Margaron	une perle.
Μαρίλα	Marila	braiſe.
Μαρμαίρω	Marmairô	étinceler, briller.
Μέριμνα	M'erimna	vue attentive.
Μερμαίρω	Mermairô	conſidérer avec attention.
Μέρδω	Merdô	voir.
Ἀ-μαρύσσω	A-Maruſſô	briller.
Ἁ-μαρτάνω	Ha-Martanô	s'égarer, ne voir goutte, pécher.

DU MONDE PRIMITIF.   55

Α'-μαυρος	*A-Mauros*	obscur, sombre.
Ἦμαρ	*Êmar*	jour.
Ἡμέρα	*Hémera*	jour.
Σμαραγδος	*Smaragdos*	Emeraude.
Σμαρίς	*Smaris*.	Anchois blanche.

Par cette méthode, l'étude des racines grecques si multipliées & si difficiles à aprendre, deviendra infiniment plus aisée; & l'origine de cette Langue si belle & si intéressante ne sera plus une énigme: elle se liera avec celles de tous les autres Peuples : on la retrouvera chez tous, & ses mots s'unissant à des racines déja connues & présentant toujours une raison de leur existence, en deviendront d'autant plus flateurs & se retiendront sans peine.

Pour mettre ceci au-dessus de tout doute, ajoutons un calcul très-simple. Les racines de la Langue Grecque sont portées par Messieurs de Port-Royal à 2156. Celles de la Langue Hébraïque à 2212 par Robertson. Ce seroit 100 racines par lettre dans l'Alphabet de XXII lettres : mais les Lettres A, E, I, O, S, & les labiales P & M, contiennent elles seules à peu près la moitié du nombre général : excédent prodigieux qui provient uniquement de ce que l'on a pris pour racines une multitude de mots composés, formés par l'addition des voyelles, de la sifflante & des labiales, si aisées à prononcer. L'on ne doit donc compter comme racines qu'environ 60 par lettre, c'est-à-dire environ 1300. Mais de ces 1300 on en peut ôter hardiment la moitié au moins, qui ne sont que des dérivés des 600 autres.

Ce nombre lui-même ainsi réduit n'est pas encore composé uniquement de radicaux : il est impossible qu'il en existe un aussi grand nombre; qu'on en juge par les Clés ou racines chinoises si multipliées, qui se réduisent néanmoins à 240. & dont il faut même retrancher près de la moitié qui ne sont que des nuances des autres. Dira-t-on que ces clés ne peuvent être comparées à nos mots, puisqu'elles n'ont lieu que pour l'écriture ? on n'y gagnera rien, car leurs monosyllabes parlés & primitifs ne sont guères plus nombreux. Voilà cependant à quoi se réduit au vrai la masse des Langues.

NEUVIÉME OBJET.
DICTIONNAIRE ETYMOLOGIQUE
DES NOMS PROPRES ET APELLATIFS.

Outre les mots qui servent à exprimer nos idées, ou à converser les uns avec les autres, il existe une multitude de Noms destinés à désigner des Etres particuliers : tels sont les noms des Peuples, des Empires, des Héros, des Dieux, des Villes, des Fleuves, des Montagnes, &c.

Ces noms qui paroissent donnés au hazard & sans aucun raport avec le langage, furent cependant significatifs dès le moment qu'ils existerent : il seroit même contre toute raison qu'ils ne le fussent pas ; & que des hommes qui choisissoient avec tant de justesse les mots nécessaires pour peindre leurs idées, se manquassent à eux-mêmes & à la nature des choses dès qu'il s'agissoit des mots par lesquels ils devoient se désigner eux & les objets dont ils étoient environnés.

S'ils ne paroissent plus significatifs, c'est qu'à mesure que les Langues changerent, la valeur de ces noms cessa d'être connue ; l'on ne sut plus à quels mots radicaux on devoit les raporter ; & leur source étant inconnue, leur signification ne put plus se rétablir.

Les efforts qu'un grand nombre de Savans ont faits en divers tems pour retrouver la valeur des Noms propres, ou apellatifs, n'ont même servi qu'à répandre plus d'obscurité sur cet objet & à faire croire que si ces mots avoient eu quelque signification, elle étoit perdue pour jamais.

Mais l'inutilité de leurs recherches ne provenoit que de la méthode qu'ils suivoient, ou plutôt de ce qu'ils marchoient encore ici au hazard & sans principes.

Pour trouver la valeur d'un nom, il faut avoir toujours deux points d'apui, deux objets de comparaison : le nom en lui même & la nature de l'Etre qu'il désigne : seul moyen d'arriver à une conséquence assurée. Dès le moment que ces deux choses sont connues, il n'est plus difficile de découvrir entre tous les mots qui ont quelque raport au Nom dont on cherche l'origine, celui qui en fut la source.

Mais ce n'est pas ainsi que l'on a procédé jusqu'à présent à cet égard : le premier mot qui paroissoit relatif au nom qu'on vouloit expliquer, en étoit aussi-tôt déclaré la racine ; quoique souvent il n'eût aucun raport avec ce nom, ou qu'il en fût lui-même dérivé. Rien de plus ordinaire encore que de voir le même nom expliqué de plusieurs manieres différentes, dès qu'il

étoit

DU MONDE PRIMITIF.

étoit porté par différens Lieux, ensorte que l'on ne peut jamais savoir entre tant d'explications quelle est la vraie, ou s'il y en a même une qui le soit.

Avouons cependant que s'ils n'ont pas mieux fait, c'est qu'il leur étoit impossible de parvenir aux vraies racines des noms, dès qu'ils n'étoient pas arrivés à la Langue parlée par ceux qui les premiers imposerent ces noms : & l'on ne pouvoit découvrir cette Langue, que par la Langue primitive.

Celle-ci étant trouvée, avec tous ses raports à toutes les autres, elle devient donc la clef simple & énergique des Noms propres & apellatifs dans tous les lieux où cette Langue commune fut parlée.

De notre Dictionnaire Primitif & de notre Dictionnaire Comparatif a donc dû naître nécessairement le DICTIONNAIRE ETYMOLOGIQUE DES NOMS PROPRES ET APELLATIFS.

Le raport frapant & toujours soutenu que l'on verra entre ces Dictionnaires, sera une démonstration parfaite de leur certitude : sur-tout par la manière dont sera disposé ce Dictionnaire des Noms.

On n'y considérera pas les Noms, individuellement ; mais toujours dans leurs masses. On mettra en tête un mot primitif, bien connu, bien déterminé, racine dans toutes les Langues, & il sera suivi de tous les Noms propres, ou apellatifs nés de celui-là, & dont ce mot primitif sera toujours la peinture.

Le Lecteur déja au fait du mot primitif, n'aura plus de peine à retrouver la valeur des noms qui en furent tirés : il en sentira à l'instant toute l'énergie & la beauté.

C'est ainsi que l'on verra les VILLES se ranger par centaines sous les racines primitives, CAR ou *Cair*, DON ou *Dun*, BERG ou *Perg*, DEN, &c. Les PAYS, sous ceux de LAND, TAN, &c. Les FLEUVES sous ceux de DOR, AIN, NAR, SEN, AV, ISS, &c. Les MONTAGNES sous ceux de HER, HOR, PAR, MON, BEN, KRA, &c. Parce que tous ces mots caractérisent parfaitement, ou l'élévation des Montagnes, ou le cours des eaux, ou l'étendue des Pays, ou la situation des Villes & jusques aux nuances qui regnent entre les objets de la même nature.

Ce Dictionnaire intéressant, parce qu'il présentera les Langues anciennes que l'on croyoit perdues & qui sont encore vivantes dans ces noms, sera de plus très-utile pour débrouiller l'antiquité des Peuples, & les suivre dans leurs migrations.

Pour donner au Lecteur quelqu'exemple de la maniere dont nous procédons à cet égard, nous ajoutons ici l'étymologie du mot CELTES, nom que porterent les anciens habitans de l'Europe, & celle de PARIS, sur lesquelles on n'avoit avancé jusques ici que des conjectures si peu probables, sur tout relativement à la première, que l'Historien des Celtes, M. PELOUTIER, a mieux aimé avouer qu'il ignoroit totalement ce

H

que fignifioit le nom des Celtes, que d'adopter quelqu'une de ces prétendues étymologies.

CELTES.

L'origine de ce nom est aussi inconnue qu'elle seroit intéressante. Strabon (Liv. IV.) insinue que les Grecs apellerent ainsi ces Peuples pour désigner le lustre & la gloire qu'ils avoient aquis. Selon d'autres, ce nom désigna des Héros, apelés *Helden* dans la Germanie : ou des Personnes qui campent sous des tentes, parce que *Zelt* en Germain signifie une tente : ou des Cavaliers, parce qu'en Grec *Keletizein* signifie aller à cheval : ou des Peuples errans, parce que le Theuton *Kalidan* signifie s'en aller, se retirer.

Wackius y a vu des descendans des Chaldéens.

Le P. Pezron, des gens pleins de valeur & de courage, du mot *Gallu*, valeur.

Baxter, des habitans des Forêts, du mot *Coel*, Forêt.

Wachter, qui rejette toutes ces significations, tire leur nom du Celte *Cilydd*, un transfuge.

Aucune de ces significations ne sauroit satisfaire, parce qu'on n'y apperçoit point de raport assez direct avec un Peuple tel que les Celtes, pour avoir pu déterminer à en faire l'objet de leur Nom.

Nous en avons donc cherché une qui n'eût aucun de ces défauts ; qui étant empruntée de la Langue primitive, fût un mot commun à tous ces peuples ; & qui peignant les Celtes par un trait qui leur fût propre ; ne convînt à aucun autre Peuple & fût exactement le nom propre de cette Nation. C'est le mot Celte signifiant *froid, glace, terre glacée* : ce mot est primitif & commun à tous les grands Peuples de notre continent : & il peint exactement l'Europe, telle qu'elle étoit encore lorsque les Romains s'étendirent en-deçà des Alpes. Deux choses qui ne seront point difficiles à prouver.

Langues dans lesquelles le nom des Celtes désigne le froid.

Observons auparavant que le mot Celte est une prononciation adoucie & que ce mot dut se prononcer dans son origine *Kalt*, ou *Kald*, & puis *Kelt, Geld, Geled, Gled, Glid*, &c. suivant les Peuples qui le prononcerent : ensorte qu'on ne doit pas être étonné de le trouver écrit de toutes ces manieres.

ADJECTIF, *Glacé*.

Gothique,	*Kald.*	Anglo-Saxon,	*Keald.*
Sueo-Gothique,	*Kald.*	Franc,	*Chalt.*
Danois,	*Kaald.*	Alamannique,	*Chalt.*

DU MONDE PRIMITIF.

Allemand,	Kalt.	Etrufque,	Caldus.
Arabe,	Gald.	Latin,	Gelidus.
Anglois,	Cold.	François,	Gelé, Glacé.
Flamand,	Koud.	Efpagnol,	Helado. (Ici G fe change en H, à la Gothique.)

NOM, Gelée, Glace.

Gallois,	Gel.	Grec,	Κηλας, Kélas.
Bafque,	Gela.		Κηλλη, Kiellé.
Opique,	Gelas.	Arabe,	Gald.
Siculien,	Gelas.	Anglo-Saxon,	Cyle.
Runique,	Kuldi.		Cele.
Franc,	Chalti.	Corneuaillien,	Glihi.
Alamannique,	Chalty.		Glis.
Allemand,	Kælte.	Efpagnol,	Helada.
Latin,	Gelu.	Breton,	Clerz.
François,	Gel, Gelée.		

Sueo-Gothique	Klare,	terrain glacé.
Efpagnol	Helar,	geler.
Breton	Clezra,	glacer.
	Clezret,	glacé.

II°. Contrées des Celtes très-froides dans l'originei

Ceux qui connoiffent l'Antiquité ne m'objecteront pas que l'on voit peu de glaces dans les pays habités par les Celtes, tels que la Hongrie, la France, l'Allemagne, la Thrace, &c. Ils favent que depuis qu'on a défriché l'Europe, deffeché fes marais, abattu fes Forêts, le climat s'eft finguliérement adouci, comme on l'éprouve de nos jours dans l'Amérique Septentrionale. Rien de fi commun dans l'hiftoire que les Glaces des Parties méridionales de l'Europe habitées par les Celtes ; elles étoient pour les Grecs & pour les Phéniciens, à peu près ce que font aujourd'hui pour nous les Terres du Nord.

On ne pouvoit donc choifir un nom qui convînt mieux à cette vafte étendue de terre habitée par les Celtes, & qui contraftât davantage avec les noms donnés aux autres Parties de l'ancien Monde ; l'Asie fignifiant Contrées Orientales : EUROPE, Contrées Occidentales : AFRIQUE, Contrées du Soleil dans fa force, ou à midi, comme nous le verrons en fon tems : & la CELTIE, Contrées glacées.

En jettant les yeux fur cette étymologie du nom des Celtes, on fe fera aperçu fans doute du raport frapant de cette Famille avec les mots

H ij

PLAN GÉNÉRAL

dont les Latins & d'autres Peuples se sont servis pour désigner la chaleur : que les Latins, par exemple, disent,

Les Latins	CALere,	avoir chaud.
	CALor,	chaleur.
	Caldus,	chaud, brûlant.
Les Hébreux	גחל Ghal, Gohal,	charbon ardent.
	קלה Kalhá,	chauffer, rotir, torrifier.
Les Gallois	Calh,	chaud.
	Clydwr,	chaleur.
Les Chaldéens	Ma-Kelia,	brûlure.
Les Ethiopiens	Kal,	frire.
Les Arabes	Kal,	
Les Flamands	Kalck,	chaud.
Les Allemands	Kole,	charbon.
Les Anglois	Coal,	
Les Basques	Galda,	se chauffer.
	Galdu,	être brûlé du Soleil.
Les Angevins	Callibaude,	feu de joie.
Les Grecs	Khliarotès,	chaleur douce.
	Khliainô,	chauffer, tiédir.
	Khliasma,	fomentation.

L'on ne sera point étonné que le même mot se soit chargé des deux sens oposés, si l'on se rapelle ce que nous avons dit ci-dessus à ce sujet, que les idées négatives ou les objets négatifs n'ont jamais pu se peindre que par les mêmes sons qui désignoient les objets positifs ; & que l'on se contentoit d'une légere altération dans le son, ou de l'accompagner d'une négation.

C'est ainsi que de Luce lumiere, les Latins firent Lucus, bocage, lieu où l'on est à l'ombre, tout comme les Grecs qui apellent l'obscurité Lugé. De même les Latins se servant de la touche forte Cald, Calor pour exprimer la chaleur emploient la touche foible Gelu & Gelidus pour désigner les contraires.

Cette signification oposée a produit des mésentendus comiques, dont on peut voir un exemple dans MÉNAGE, à l'Art. CHAUD.

PARIS.

L'on a diverses étymologies du nom de cette Ville ; mais aucune n'a pu réunir les suffrages en sa faveur ; elles sont trop connues & trop frivoles pour les raporter ici : ce n'étoit point par la seule inspection de ce nom, ou par sa décomposition arbitraire, qu'on pouvoit parvenir à sa vraie origine : il faloit y joindre ses raports avec la situation de cette Ville, avec ses armoiries, avec la Divinité Payenne qui en étoit regardée comme la Patrone : tous ces objets étant ordinairement réunis chez les Anciens.

Personne n'ignore que Paris fut d'abord renfermée dans l'Isle. Ce fut ainsi, dès son origine, une ville de navigation. Au tems de TIBERE elle avoit une Magistrature de Navigateurs, certainement bien plus ancienne que cet Empereur ; & d'où dériverent les beaux droits du premier des Echevins & son titre d'Amiral.

Comme elle étoit sur un fleuve & adonnée à la navigation, elle prit pour symbole un Vaisseau, & pour Déesse Tutelaire, Isis, Déesse de la navigation : & ce Vaisseau fut le Vaisseau même d'Isis, symbole de cette Déesse.

Le nom de ce Vaisseau devint également le nom de la Ville : il s'apeloit BARIS, & avec la prononciation forte du Nord des Gaules, PARIS; tout comme TOURS vint de *Dour*; tout comme on a dit indifféremment PARISATE & BARISATE. On pouroit alléguer mille exemples de changemens pareils d'intonations fortes & foibles, mises sans cesse les unes pour les autres.

C'est en faveur de cette même Isis, que les Druides s'étoient placés dans cette Isle. Les Isles furent toujours choisies dans l'antiquité pour être le sanctuaire des grandes Divinités Nationales. Dans celle-ci étoit le Temple d'Isis, sur les ruines duquel fut élevée l'Eglise de Notre-Dame. Là se célébroit sa fête le 3 de Janvier, apellée chez les anciens Peuples *l'Arrivée d'Isis*. C'étoit le jour où elle venoit se faire voir aux hommes & dans lequel on l'offroit à leur culte sur son char.

Nous démontrerons dans la comparaison de la Religion des Druides avec celle des Egyptiens, qu'*Isis* fut en effet, comme on l'a déja soupçonné, une des Divinités des Druides.

DIXIÉME OBJET.
BIBLIOTHEQUE ETYMOLOGIQUE.

Cette portion de nos recherches contiendra la notice des Auteurs qui ont travaillé fur les objets dont nous nous occupons : on y verra les titres de leurs Ouvrages, le lieu & le tems où ils furent imprimés, la forme dans laquelle ils l'ont été, le nombre des volumes & des pages de chaque volume ; ceci pour la partie typographique : mais chaque notice offrira de plus un abregé fommaire de ces ouvrages, le jugement que l'on en doit porter, l'utilité que l'on en peut retirer : jufques à quel point leurs Auteurs avoient étendu leurs connoiſſances, pouſſé leurs découvertes ; & ce qui les empêcha de pénétrer plus avant.

La multitude d'Auteurs de toutes Langues & de tout pays qui compoferont cette Bibliothéque, prouvera le cas que l'on a toujours fait des recherches de cette nature ; & combien on étoit perſuadé de leur néceſſité puifqu'on ne s'en laſſoit point, malgré le travail qu'elles exigeoient, & le peu de lumiere qui en réſultoit.

Ce ne fera pas la partie la moins intéreſſante de cet ouvrage, par les détails inſtructifs qu'elle offrira, & fur-tout par les Noms illuſtres dont elle fera remplie : on y verra avec étonnement fans doute, que tandis qu'on s'imaginoit que la Science étymologique n'avoit été cultivée que par un petit nombre de perſonnes qui n'avoient été preſque d'aucun poids dans la République des Lettres, elle compte au nombre de ſes admirateurs & de fes Héros les perſonages les plus reſpectables par la profondeur de leur érudition & par la beauté de leur génie : qu'il n'eſt même aucune Académie célébre qui ne fourniſſe nombre de Savans diſtingués qui ont dépoſé hautement en faveur de l'utilité & de la néceſſité des études étymologiques, qui s'en font occupés férieuſement, & qui ont fait des recherches plus ou moins aprofondies fur ce fujet.

Cette Bibliothéque fera donc l'Hiſtoire des efforts que l'on a faits chez toutes les Nations policées pour remonter aux origines de toutes chofes : on y verra le génie & le favoir lutter fans ceſſe contre une multitude de faux Principes qui les aſſerviſſoient, & s'élever quelquefois, malgré ces entraves, aux vérités qu'ils cherchoient, dont ces Principes ne pouvoient que les détourner, mais qui par leur éclat perçoient à travers tous ces obſtacles, & fe faifoient fentir avec force à ceux qui les cherchoient : tandis qu'ils étoient hors d'état d'en démontrer la certitude, parce qu'ils ne pouvoient reconnoître la route que ces vérités avoient tenue pour arriver à eux.

Le siécle actuel y occupera une place très considérable : on y verra qu'il a laissé à cet égard tous les autres infiniment en arriere : qu'éclairé par une saine critique, on y a discuté toutes ces Matieres avec plus de profondeur & de solidité ; & qu'il y a eu une tendance générale des esprits, un effort général pour éclaircir ces Objets intéressans.

L'on n'en sera point surpris, lorsque l'on observera que ces recherches ne tiennent pas uniquement à l'érudition & à la critique : mais qu'elles sont plus étroitement liées encore avec cette saine Philosophie qui sait remonter aux causes par les effets, & saisir des raports qui disparoissent à des yeux moins pénétrans & moins exercés à l'analyse. Il faut une grande sagacité pour apercevoir la liaison des Langues, des Peuples & des siécles les plus éloignés & l'aller saisir sous les voiles épais dont ces liens communs sont envelopés & qui en dérobent la trace à la plûpart des Hommes. Il étoit donc impossible que les Gens de Lettres des siécles précédens où une vaste & brillante érudition tenoit le haut bout, pussent se livrer avec quelque succès & par conséquent en aussi grand nombre, à de pareilles recherches : mais plus cette érudition s'est associée avec la Philosophie, & plus ces recherches ont dû paroître intéressantes, & attirer les regards d'un plus grand nombre de Savans.

Ajoutons que pour rendre cette Bibliothéque Étymologique plus complette, & afin que nos Lecteurs soient en état de profiter des lumieres qui nous auroient échapé, nous donnerons non seulement comme nous venons de le dire la Notice des Ouvrages que nous aurons lus sur ces objets, mais aussi les titres de tous ceux que nous n'aurons pas été à portée de lire, quoique nous ayons sû leur existence. Ceux qui les auront, pourront en les comparant avec ce que nous aurons aperçu, supléer à ce que nous aurons omis, & ils seront mieux en état de juger du point où nous aurons porté ces recherches, & d'en aprécier la valeur.

SECONDE CLASSE.
OUVRAGES QUI TRAITENT DES CHOSES.

Après avoir traité, dans les Ouvrages qui composent la premiere Classe de nos recherches, de tout ce qui a raport à la Langue & à l'Ecriture primitive, à leur origine, à leurs progrès, & à leurs dévelopemens ; & des Langues qui se sont formées sur celle-là ; & après avoir prouvé que la Langue primitive, fondée sur la Nature même, a pu être altérée, changée, embellie, mais jamais anéantie, ensorte qu'elle brille encore avec éclat au milieu de nous ; il est tems de nous servir des résultats & des facilités que ces Observations nous donnent pour parvenir à des connoissances plus essentielles, & qui forment la Seconde Classe des Ouvrages dont nous donnons l'exposé au Public.

Cette Classe se divise en deux grandes Branches, l'Antiquité Allégorique & l'Antiquité Historique ; entre lesquelles se distribuent tous les Objets que nous avons annoncés dans notre Prospectus, comme entrant dans la Classe des Choses. C'est sous ce double point de vue que nous les allons envisager.

PREMIERE BRANCHE.
L'ANTIQUITE' ALLEGORIQUE.

L'Antiquité allégorique est la réunion de tous les objets de l'Antiquité qui expriment, soit par des mots, soit par des peintures, des idées différentes de celles que ces peintures & ces mots présentent par eux-mêmes.

L'Allégorie sera donc d'autant plus intéressante, que, sans multiplier les signes, elle double nos connoissances ; qu'elle les étend prodigieusement ; qu'elle s'élève à des objets que ces signes seroient incapables d'exprimer par eux-seuls ; qu'elle nous offre, sous l'écorce d'un Monde aparent, un Monde nouveau infiniment supérieur au premier, autant au-dessus de lui que l'intelligence est au-dessus de la simple vue.

La connoissance en sera d'autant plus nécessaire, que sans elle tous les Monumens Allégoriques sont totalement perdus pour nous : car ne pouvant nous élever au sens le plus sublime qu'ils renferment, ils sont morts en quelque façon pour nous, ils font fans ame, fans beauté, fans force, fans intérêt : mais tel a été jufqu'à nous le fort de l'Antiquité Allégorique. On l'a fi peu connue, on l'a fi dédaignée, qu'on ne lui a affigné aucun rang dans la Littérature ; que l'on n'a pas même cru qu'elle éxiftât ; & que les Inftructions qu'elle renfermoit, ont été totalement perdues pour les hommes.

Après avoir rétabli la Langue primitive, nos foins durent donc fe porter néceffairement fur la propriété de cette Langue à fe prêter aux befoins de l'Allégorie : dès-lors l'Antiquité allégorique prit une place confidérable dans nos recherches, & cette place fut défignée par la nature même des chofes. Fondée fur la Langue même, & appliquée aux connoiffances humaines, complément de l'une & préliminaire des autres, fa connoiffance doit fuivre celle de la Langue & précéder celle des Monumens hiftoriques: Avec ce double fecours, ceux-ci n'ont plus rien d'obfcur : l'on n'eft plus expofé à ces méprifes continuelles, par lefquelles on confondoit fans ceffe entr'eux les Monumens allégoriques de l'Antiquité & fes Monumens hiftoriques ; & nos recherches doivent avoir un fuccès jufqu'ici fans éxemple.

Il devoit être d'autant plus confidérable, que les Objets que renferme l'Antiquité allégorique font plus nombreux : car tels font ceux qui la compofent.

1. Le GÉNIE SYMBOLIQUE & allégorique de l'Antiquité.
2. Sa MYTHOLOGIE & fes FABLES SACRÉES.
3. Les COSMOGONIES & THÉOGONIES de tous les Peuples.
4. Les PEINTURES facrées de l'Antiquité, fes EMBLÊMES, fon BLASON, ou les Symboles qui repréfentoient les Villes, les Peuples, les Empires, les Familles, les Divinités elles mêmes, &c.
5. La DOCTRINE *fymbolique* des NOMBRES & comment en naquirent la Doctrine de Pythagore, celle de Platon, la Cabale des Juifs, &c.
6. Le DICTIONNAIRE HIÉROGLYPHIQUE de l'Antiquité avec fes Figures.

PREMIER OBJET.

GENIE SYMBOLIQUE ET ALLE'GORIQUE
DE L'ANTIQUITÉ.

LE Génie Symbolique de l'Antiquité confifta à animer la Nature entiere, à perfonifier tous les Etres inanimés ou moraux, à préfenter comme des récits d'événemens paffés, les inftructions que l'on vouloit donner aux hommes : à peindre fous des Figures corporelles les objets les plus élevés, les plus refpectables, les plus importans.

Ce que dit l'Allégorie, n'eft jamais ce qu'elle veut dire ; elle paroît nous préfenter un Objet, & c'eft un autre plus intéreffant encore qu'elle a en vue: c'eft la définition qu'en donnent les Anciens. De-là le mot même *Allégorie*. (1)

Compofé de deux mots grecs, ALL autre, AGOR*euein* haranguer, dire, *Allégorifer* fignifia mot à mot, dire, s'exprimer par comparaifon, dire une chofe différente de ce que l'on fembloit dire. Les Orientaux fe fervent également dans la même vue d'un mot qui emporte toute idée de reffemblance & de comparaifon, qu'on rend par ceux de Parabole & de fimilitude relativement à fa nature, & par ceux de Proverbe, de Sentence, de Maxime, &c. relativement à fon importance & au poids qu'il doit avoir.

L'Allégorie donna le ton à l'Antiquité entiere, elle créa fes Fables, elle préfida à fes Symboles, elle anima la Mythologie, elle s'incorpora avec les vérités les plus refpectables, elle forma la maffe des Cérémonies les plus auguftes ; tout porta fon empreinte : ce fut en quelque forte l'unique langage de l'Antiquité primitive. C'eft celui de tous les anciens Peuples dont il nous refte quelques Monumens : celui des Celtes, des Scythes, des Etrufques, des Phéniciens, des Indiens, des Chinois, des Chaldéens, &c.

Clair & intelligible dans le tems qu'on s'en fervoit, & où l'on favoit très-bien à quoi s'en tenir à fon égard, il eft devenu une fource intariffable d'énigmes à mefure que cette connoiffance s'eft affoiblie, & que l'intelligence de la Langue primitive s'eft perdue. Auffi les Monumens que l'on nous en a tranfmis, & qui ont échapé aux ravages du tems, dénués de tout

---

(1) Ce mot eft l'Hébreu, l'Ethiopien &c. משל *M-Shal*; le Chaldéen, l'Arabe, &c. מתל *M-tal* : l'Indien *Am-tala*. Il eft formé du primitif TAL qui a fait le Latin *Talis* & le François *tel*, mots qui ont raport à l'imitation, à la reffemblance ; & qui fignifia lui-même *grandeur femblable*.

ce qui y mettoit du fens, & qui en faifoit la beauté, nous paroiffent ou des Fables abfurdes & faftidieufes, ou des récits d'Hiftoires incroyables, & de Faits qui ne purent jamais avoir lieu.

Plus la connoiffance de ce Génie devenoit indifpenfable pour celle de l'Antiquité, plus nous avons fenti la néceffité d'en conftater l'éxiftence, de remonter à fes caufes & à fon principe, de le fuivre dans fes effets, d'en éloigner tout arbitraire par des Régles fures & conftantes, prifes dans la nature même des chofes; c'eft l'objet de ce premier Article.

On y remonte à l'origine de ce Génie, & l'on en dévelope les caufes : on fait voir par une tradition conftante qu'on eft toujours convenu de l'éxiftence de ce Génie : on prouve qu'il eft la clef des tems primitifs ; que les caufes qui le firent perdre de vue, ne lui ôtent rien de fa force ; qu'en admettant cette manière d'expliquer l'Antiquité, on n'ouvre point la porte à des explications arbitraires : que ce Génie eut fes régles & fon langage fixe & déterminé dont il ne pouvoit s'éloigner, & que l'on n'a manqué jufqu'ici la vérité à cet égard que par l'ignorance de ces régles & par leur violation : enfin que ces Allégories, loin d'avoir pour objet, comme on l'a cru jufques ici, des faits obfcurs, frivoles ou honteux pour l'humanité, préfentoient au contraire tout ce qu'il pouvoit y avoir de plus intéreffant pour l'Humanité entière.

SECOND OBJET.
MYTHOLOGIE ET FABLES SACRE'ES.

C'Eft fur-tout dans la Mythologie, ou dans l'Hiftoire des Dieux & dans les Fables facrées que fe dévelope avec le plus de pompe le Génie Symbolique de l'antiquité : il y perce de toutes parts : on ne peut le méconnoître dans les noms des Dieux, dans leurs Généalogies, dans les actions qu'on leur attribue, dans les Symboles dont on les accompagne, dans les formes fous lefquelles on les repréfente, dans les Etres fabuleux dont leur hiftoire eft remplie.

De-là cette Claffe de Connoiffances fi finguliere, fi indéfiniffable, qu'on a pris pour des faits hiftoriques, altérés par l'ignorance, confacrés par la fuperftition, confervés par la curiofité, & fans lefquels cependant l'antiquité entiere feroit inintelligible pour nous.

Il ne faut donc pas être furpris qu'avec des idées auffi contradiƈtoires & des fupofitions auffi fauffes, on n'ait jamais pû débrouiller les Fables anciennes, fi monftrueufes, & fi piquantes cependant par le foin avec lequel on les a tranfmifes d'une génération à l'autre, & par les vérités qui devoient être cachées sous cette envolope : on s'ôtoit tout moyen de les expliquer dès qu'on n'y voyoit que des faits qui n'étoient que là, & qui devo'ent avoir été dénaturés au point d'être absolument méconnoissables.

Il n'en est pas de même avec nos Principes & avec notre marche. Prenant pour guide le Génie symbolique qui présida à toutes ces choses, il les rend sensibles & intéressantes. Ce n'est plus ce cahos dont on ne pouvoit se former d'idée, cet entassement de Fables qui paroissoient plus absurdes les unes que les autres, & qui étoient si deshonorantes pour l'Humanité. Avec ce Génie symbolique tout change de face : il explique tout, il arrange tout, il justifie tout ; la Fable devient vérité : elle est digne de son titre de Mythologie, c'est-à-dire, *Discours sacré* ou *respectable*. Elle forme un édifice immense, brillant de lumière, où rien n'est déplacé, dont toutes les parties se soutiennent mutuellement & naissent les unes des autres.

Elles deviennent aussi intéressantes, & aussi animées qu'elles étoient auparavant froides & languissantes. On y voit l'adresse avec laquelle les premiers Législateurs présenterent aux Hommes, les leçons les plus essentielles & les Doctrines les plus salutaires : le dévelopement des grands objets de la Nature, toujours constans & inaltérables ; la naissance des Arts & des Connoissances humaines : la félicité dont jouirent les Peuples tandis qu'ils furent dociles à la voix de l'Ordre, & qu'ils obéirent aux Loix de la Justice.

Ainsi ces Fables sont nos propres Fables, & jamais nous n'y marchons en Pays inconnu : ce qu'elles nous peignent est encore sous nos yeux, & de notre tems ; & la Langue dans laquelle elles nous parlent, est la nôtre propre.

Les Hommes du Monde primitif ne sont plus ces Êtres méprisables & stupides qui ne vivoient que d'eau & de gland, qui prenoient pour des Divinités augustes les pierres & les animaux les plus vils, en qui l'humanité étoit dégradée ou dans l'enfance la plus grossière, qui n'avoient nulle idée de vertus & de vices. S'ils méconnoissoient les discussions métaphysiques, s'ils n'avoient ni le tems ni le goût nécessaire pour s'y livrer, si la connoissance exacte de l'Ordre & des vérités les plus importantes leur rendoit inutile toute discussion à cet égard, on les voit du moins connoitre les Arts les plus nécessaires, admettre une Création, un seul Maître de l'Univers sous le nom d'Iou, c'est-à-dire Moi, Celui qui Est : le peindre comme un feu étincellant de lumiere & de pureté, qui ranimoit & soutenoit l'Univers entier, dont les Symboles les plus parfaits étoient le *Soleil* & la *Lune* : regarder ceux-ci comme les flambeaux dont le cours servoit à régler leurs années, & ce qui étoit plus essentiel, tous les travaux de la Campagne & de l'Agriculture ; & célébrer à chaque saison, des Fêtes solemnelles pour demander à la Divinité d'heureuses récoltes, ou pour la remercier de ses biens.

L'on voit dans la suite le culte du *Soleil* & de la *Lune* se mêler insensiblement avec celui de la Divinité : plus insensiblement encore s'y joindre celui des *Planettes* & des XII Constellations directrices des mois, & celles-ci former l'assemblée des XII grands Dieux ; d'où résulte le dernier dégré de l'Idolatrie, celle des Grecs & des Romains, qui avoit commencé par le Sabéisme Oriental, seule & unique Idolatrie. Alors toute l'Antiquité tombe dans un cahos effroyable : la Langue ancienne est oubliée ; avec elle, le sens de toutes les Formules sacrées & de tous les objets de la Fable : des Etres allégoriques sont métamorphosés en Etres réels : les noms augustes de la Divinité sont regardés comme des noms d'hommes, mis très anciennement au rang des Dieux : tous les Livres anciens sont fermés & inintelligibles, parce qu'il n'y a plus personne qui puisse les entendre : & que ceux mêmes qui y soupçonnent de l'allégorie ne péuvent trouver une clef qui leur en fasse pénétrer le sens.

Mais dès que nous avons pris pour base les Langues anciennes & l'origine des Arts, sans nous écarter jamais de la Nature, & en ne voyant dans ce fait que ce qui y est démonstrativement ; cette Antiquité s'est dévelopée d'elle-même. SANCHONIATON est devenu intelligible : son Histoire d'ILUS ou *Saturne*, s'est liée intimément avec la naissance de l'Agriculture; avec l'Histoire d'Osiris & d'Isis, de Cérès & de Bacchus, d'Adonis & de Vénus. Si Saturne a été l'inventeur de l'Agriculture, *Thot* son Conseiller, s'est trouvé l'inventeur de l'Astronomie & du Calendrier, source de l'Ecriture Hiéroglyphique & dont l'Agriculteur ne peut se passer ; les XII grands Dieux ont été les Génies Protecteurs des XII Signes. Ces XII Signes qui n'étoient point arbitraires, mais donnés par les XII Lunes qui formoient l'année, furent relatifs à l'Agriculture qui venoit de naître ; & peints sur les murs des Temples pour l'instruction des hommes, ils ont formé les XII Travaux d'Hercule. Celui-ci, dont *Orphée* dit, qu'il livre XII. Combats depuis l'Orient jusqu'à l'Occident, n'a été lui-même que le Soleil considéré relativement aux Travaux du Laboureur. Les deux Dragons qu'il étrangle à sa naissance se sont liés d'eux-mêmes avec le Caducée de Thot & avec les motifs qui firent donner à Thot ce Symbole singulier ; mais vrai, *à sa place*, & apellé lui-même Hercule. *Proserpine* & son enlévement, *Pluton*, *Hammon*, *Harpocrate*, les *Fêtes d'Eleusis*, *Janus*, les *Cabires* ou *Dioscures*, les *Sphinx*, les *Centaures*, les *Echidna*, *Ixion* & sa roue, &c. les *Danaïdes*, le *Minotaure*, &c. ont tous été relatifs à l'année de l'Agriculture. *Astarté*, *Basilée*, *Vénus*, *Diane*, *Minerve*, *Junon*, *Europe*, &c. ont toutes été la Lune sous diverses faces. *Bel*, *Mithras*, *Apollon*, *Sangus*, *Adod*, *Hypérion*, &c. ont tous été le Soleil, pour divers Peuples.

Ces objets présentent une suite de tableaux où tout est d'accord, clair, lumineux, satisfaisant, & qui offre à l'imagination la perspective la plus vaste & la plus riche, en même tems qu'elle met l'esprit à son aise, en ne laissant rien à désirer pour cette portion de l'Antiquité ; car ici on ne laisse rien en arrière, ni aucune Fable, ni aucun de leurs Personnages : on les a regardées comme des allégories ou des énigmes, dont on ne pouvoit négliger aucun Personnage sans manquer l'allégorie même.

TROISIÉME OBJET.
COSMOGONIES ET THEOGONIES.

Afin de ne laisser aucune obscurité dans la Mythologie, & pour dissiper tout doute sur la maniere dont nous l'expliquons, nous donnerons la Comparaison des Cosmogonies & des Théogonies des anciens Peuples ; précieux dépôt des idées des premiers Législateurs sur la Création & la formation du Monde, sur les diverses Classes des Dieux, & sur les états successifs de l'Homme ; mais devenues presqu'inintelligibles par l'altération des Langues, par l'oubli du génie allégorique qui en fait la base, & par leur séparation des objets propres à les éclaircir.

Il y aura peu de Nations anciennes qui ne fournissent ici leur contingent, d'une manière plus ou moins détaillée. On passera en revue les Opinions Théologiques des EGYPTIENS sur ces objets, celles des PHENICIENS & des ATLANTES, la Théogonie d'HESIODE, la Mythologie des Peuples du Nord consignée dans l'EDDA (1) : les Allégories des INDIENS, dont divers Savans nous ont donné des Extraits ; sur-tout celles qui sont contenues dans le BAGAVADAM, un de leurs XVIII Livres Sacrés apellés POURANAM ou Histoires & Vies (2). La Doctrine des anciens CHALDÉENS & des MAGES de Perse, dont le BOUNDEHESH nous a conservé des portions intéressantes (3). La Mythologie des anciens CHINOIS (4) devenue inintelligible à eux-mêmes, & qu'ils regardent comme une Histoire corrompue & altérée par le laps du tems, rejettée également par les Européens, mais devenue lumineuse par ces raprochemens ; celle des LAMAS ou Prêtres du Thibet & des Moun-

---

(1) Cet Ouvrage composé dans le XIᵉ siécle en Langue Runique a été imprimé & traduit en diverses Langues : mais les morceaux dont nous ferons usage auront toujours été revus sur l'original ; & les noms allégoriques dont ils sont remplis, traduits la plûpart pour la premiere fois.

(2) Le BAGAVADAM a été traduit en François par MARIDAS POULLÉ, Interprète Indien, Homme curieux & instruit : il a dédié sa Traduction à M. BERTIN, Ministre & Secrétaire d'Etat, qui par un effet de son zèle pour l'avancement des connoissances, a permis que ce Manuscrit nous fût communiqué. C'est un in-folio, divisé en XII Parties, où l'on traite de la création, de la conservation & de la destruction de l'Univers, de la Divinité, de la vie parfaite, des Métamorphoses de Wishnou, de l'origine des Dieux subalternes.

(3) Le Boundehesh vient d'être traduit par M. ANQUETIL dans son Zoroastre, Tome III.

(4) M. de GUIGNES en a donné un Recueil très-détaillé à la tête du CHOU-KING,

gales ; la doctrine des TALAPOINS ou Religieux de Siam ; la Mythologie des LAPONS (5), &c.

L'assemblage de ce grand nombre de Mythologies seroit déja seul un avantage précieux pour la Littérature, & un suplément utile aux Ouvrages où l'on a recueilli les Fables sacrées des Anciens : il offrira un spectacle plus intéressant encore, par la correspondance étroite qui régnera entre tant de Parties jusques à présent éparses, & en aparence si disparates, par le raport frapant des Langues dans lesquelles ces Mythologies ont été écrites & par la lumière qui en résultera. Ce ne seront plus des Fables absurdes ou des faits purement nationaux ; mais des instructions consacrées à l'humanité entière : on ne pourra plus douter que tous ces Peuples n'aient puisé dans une source commune, & que le génie allégorique n'ait présidé à la formation de ces Monumens.

QUATRIÉME OBJET.
PEINTURES SYMBOLIQUES
ET BLASON.

A La suite du Génie allégorique & de la Mythologie des Anciens, marchent naturellement leurs Peintures symboliques & leur Blason.

De ces deux articles, personne ne dispute le premier, mais l'existence du second chez les Anciens a toujours été regardée comme une Fable.

Ainsi nous donnons de l'un des idées plus exactes & plus aprofondies qu'on n'en avoit eu jusques à présent ; & nous prouvons la haute antiquité de l'autre.

Dans le premier de ces objets, entrent tous les Symboles & les attributs de chaque Divinité. Essentiellement liés à l'idée qu'on se formoit de ces Divinités, & aux fonctions qu'on leur attribuoit, leur connoissance devient d'une nécessité indispensable, lorsque l'on veut avoir une idée juste de cette portion de l'antiquité. Ce qui rend ces Symboles très-intéressans, parce qu'ils présentent d'une manière aussi vive qu'abrégée, l'idée qu'on se formoit des Divinités auxquelles ils apartiennent.

Le soin avec lequel les Savans ont rassemblé les Monumens anciens qui ont raport à ces objets, & les explications qu'ils en ont données, laissent peu

---

(5) On en trouve un abregé très-bien fait dans la Description de la Laponie par M. LÉEM, Professeur en Langue Lappone, & imprimé en Latin & en Danois, à Coppenhague 1767 in-quarto.

de choses à desirer à cet égard : mais quoique ce soit la partie de notre travail qui présentera peut-être le moins de découvertes & de vues nouvelles, elle offrira néanmoins divers objets inconnus jusques à présent, indépendamment de la force que les vues de nos Prédécesseurs tireront de l'ensemble qui résulte de notre travail ; & jusques aux variations que ces Symboles, relatifs aux Dieux, éprouvèrent en passant d'un Peuple chez un autre.

A ces objets, s'unissent étroitement les Symboles des Villes, des Peuples, des Familles anciennes, &c. qui se voyent sur les Médailles & sur les Sceaux des Anciens ; que l'on a réunis dans un grand nombre de beaux Ouvrages, mais dont on n'avoit point cherché jusques-ici à découvrir l'origine & le sens ; parce que l'on s'imaginoit qu'ils n'étoient pas moins l'effet du hazard que tout le reste de l'Antiquité, & qu'ils n'avoient qu'un raport très-éloigné avec les Symboles de notre Blason ou Armoiries.

L'on verra cependant ici, que pour former le Blason moderne, on n'eut qu'à suivre l'exemple des Anciens; qu'on les imita jusques dans le nom qu'ils donnoient au Blason & à ses dépendances, dans le choix des couleurs, dans la distinction des Familles à Armoiries, & des familles roturieres, dans les Piéces blasonnées & même dans les Armoiries non-seulement à demeure, pour les Villes & pour les Peuples, mais à demeure ou héréditaires pour diverses Familles.

Enfin l'on y découvrira que les Symboles de la plûpart des Villes de l'Antiquité furent toujours significatifs ou parlans, & relatifs au Nom de ces Villes, à leur situation & à leurs Divinités, tous ces objets étant faits les uns pour les autres.

Ce qui démontre encore mieux que rien n'a jamais été l'effet du hazard; & l'on sera toujours moins étonné, qu'on n'ait eu jusqu'à présent presqu'aucun aperçu sur ces objets. Ils étoient trop dépendans du Génie allégorique des Anciens & de l'explication des Noms de Lieux, pour qu'on pût travailler avec quelque succès à les éclaircir.

CINQUIÉME OBJET.

DOCTRINE SYMBOLIQUE DES NOMBRES.

IL exista une Doctrine des Nombres, qui fut enseignée non-seulement par les Egyptiens, mais par les Sectes les plus illustres des Grecs, par les Pythagoriciens & par les Platoniciens.

L'abus que l'on en fit, en se persuadant qu'il y avoit dans les Nombres des vertus occultes, qui faisoient que tels ou tels Nombres étoient heureux

reux, & tels & tels funestes, les fit tomber dans le plus grand discrédit: & l'on n'en parle jamais qu'en déplorant le mauvais goût & l'aveuglement des Anciens.

Leurs Ouvrages sont cependant si fort remplis de cette Philosophie des Nombres, qu'on ne sauroit les aprofondir sans se former une idée exacte de leurs Opinions à ce sujet: j'ai donc été obligé de leur donner une place dans ces Recherches.

Les résultats en ont été aussi satisfaisans que lumineux. On y verra que cette Doctrine sur les Nombres se réduit à des Formules générales qui ramenoient la plûpart des sciences à des divisions communes, afin que l'on pût les saisir & les comparer plus facilement ; & que les noms qu'ils donnoient à ces Nombres & toutes les qualités qu'ils leur attribuoient, étoient l'explication des objets mêmes auxquels on apliquoit ces Formules.

Ce qui rend cette Théorie des Nombres de la plus grande utilité, pour débrouiller cette portion de l'Antiquité.

SIXIÉME OBJET.
DICTIONNAIRE DES HIEROGLYPHES
ET DES EMBLÊMES AVEC LEURS FIGURES.

Ces Recherches sur le Génie Symbolique des Anciens se terminent naturellement par la Collection de leurs Symboles & des idées qu'on y attachoit ; Recueil nécessaire pour l'intelligence de l'Antiquité, & qui manquoit à la Littérature.

Il présentera l'explication des Figures Hiéroglyphiques de l'Antiquité, des Symboles des Dieux, de ceux qui sont sur les Médailles & qui désignent quelque vertu, quelque propriété ou quelque Ville. On y fera sur-tout sentir le raport qui regne entre le Symbole, l'objet qu'il représentoit, & la Langue primitive.

Les Monumens de l'Antiquité en seront plus intéressans ; son langage figuré ne paroîtra plus obscur & mystérieux, sa Mythologie deviendra plus familiere.

Ce Recueil sera composé de Monumens authentiques : là paroîtront les Hiéroglyphes Egyptiens conservés, soit par Hor-Apollo, soit par d'autres; les Symboles des Dieux, les Figures emblématiques des Anciens ; les expressions figurées employées dans leurs Livres sacrés & doctrinaux, ou fournies par leurs Langues.

Ces Objets y seront présentés dans cet ordre.

K

PLAN GÉNÉRAL

1°. La Figure Symbolique à expliquer.
2°. Les Monumens sur lesquels elle se trouve.
3°. Les acceptions dans lesquelles elle se prend.
4°. Le motif qui la fit choisir pour cet usage.

Donnons-en un exemple.

Deux CORNEILLES, *Symbole du Mariage.*

Les Anciens pour désigner le Mariage peignoient deux Corneilles en regard ; & dans le style figuré une Corneille désignoit la Mariée : mais on chercheroit en vain ces choses dans les Dictionnaires ; cependant on trouve dans les Monumens de l'Antiquité, la peinture de ce Symbole, & son explication. La Collection des Bagues anciennes par GORLÆUS (1) nous fournit l'un, & Hor-Apollo dans ses Hiéroglyphes Egyptiens nous fournit l'autre.

L'on voit dans GORLÆUS le dessein d'un Onyx, monté en or, & qui représente deux Corneilles en regard, soutenant de leur bec une guirlande. Et HOR-APOLLO nous aprend que ce Symbole étoit celui du Mariage, & que c'étoit un Hiéroglyphe Egyptien : qu'il remontoit par-là même à une haute Antiquité.

« Pour désigner le Mariage, dit cet Auteur (2), les Egyptiens peignoient
» deux Corneilles.

Il repéte à-peu-près la même chose au Livre II (3).

Il avoit dit à l'occasion du Symbole VIII. du Livre I. que les deux Corneilles peignoient Mars & Vénus.

Il est donc équivoque, ce Symbole, dira-t-on ? puisqu'il peut désigner Mars & Vénus, tout comme le Mariage. On auroit cependant tort : Mars & Vénus n'étoient eux-mêmes que le Symbole du Mariage : le Mariage est l'union de la FORCE & de la BEAUTÉ ; dans le Style allégorique, c'est celle de Mars, & de Vénus.

C'est un principe qu'il ne faut jamais perdre de vue, que les Egyptiens expliquoient une figure par une autre : ceux qui n'y font pas attention, & qui s'imaginent que cette explication est littérale, & n'est pas elle-même figurée, prennent ce Peuple pour insensé, & ne savent plus en quoi consiste sa sagesse si vantée : de-là l'inutilité aparente des explications d'HOR-APOLLO, dont on n'avoit presque rien pu faire par cette raison, tandis que l'on a cependant, par leur moyen, deux objets à comparer.

(1) N°. 174. (2) Liv. I. Symb. IX. (3) Symb. XL.

DU MONDE PRIMITIF.

Que les deux Corneilles peignent Mars & Vénus, ou le Mariage, le Symbole ne change donc point d'objets : c'eſt toujours le Mariage qu'il peint.

Si l'on avoit choiſi dans cette vue la Corneille, c'eſt qu'on croyoit que le mâle & la femelle de cette eſpéce ne ſe quittoient jamais, & que celui des deux qui ſurvivoit, demeuroit ſeul le reſte de ſa vie. Ils croyoient avoir remarqué auſſi que cet oiſeau étoit l'emblême de la pudeur, & qu'il ſe retiroit toujours à l'écart pour ſa reproduction.

Dans la Grèce, les Filles à marier alloient à l'Oracle de la Corneille. Elles lui préſentoient des figues : ſuivant qu'elle les mangeoit avec plus ou moins d'avidité, elles devoient avoir un mari qui ſeroit plus ou moins agréable.

Au jour des noces, on recommandoit à celui-ci d'avoir bien ſoin de la mariée, par ce jeu de mots :

Ἐκκόρει   Κόρη   Κορώνην

EKKorei   *Kore*   *Korónen.*

Jeune-homme, ayez ſoin de careſſer la Corneille.

SEPTIÉME OBJET.
ANTIQUITÉ HISTORIQUE.

L'Étude de l'Antiquité étant ainsi débarassée des obstacles qu'y aportoient les Fables & les Allégories, il sera sans doute beaucoup plus aisé de parvenir à en connoître l'Histoire qui en est l'édifice, tandis que tout le reste n'en est que l'échafaudage. Mais ici nous ne bornons pas l'Histoire à une simple énonciation de quelques faits ou de quelques évenemens mis à la suite les uns des autres, & selon l'ordre des tems. Cette marche peut suffire à celui qui ne cherche qu'à connoître de simples faits, comme si l'Histoire des Peuples ne consistoit qu'en cela : elle est nulle quand on veut juger les faits eux-mêmes & les connoître par principes. Le vrai Historien de l'Antiquité réunit ces Objets :

I. La GÉOGRAPHIE du Monde Primitif.
II. Sa CHRONOLOGIE.
III. Ses TRADITIONS ou son HISTOIRE.
IV. Ses USAGES & ses MŒURS.
V. Ses DOGMES.
VI. Ses LOIX AGRICOLES.
VII. Son CALENDRIER, ses FÊTES & son ASTRONOMIE.
VIII. Ses ARTS, tels que sa POÉSIE & ses Causes, &c.

Ces Objets constituent la vraie Histoire de l'Homme, parce qu'ils nous en font apercevoir les causes & les moyens ; l'influence qu'ils eurent sur les mœurs & sur les opinions ; le dégré de civilisation qu'avoit aquis le Peuple auquel on attribue ces faits ; & par-là même le dégré de certitude qu'ils méritent.

Afin de répandre plus de jour sur l'origine de ces grands Objets & sur le dévelopement des Connoissances humaines, nous commencerons par l'examen de quelques Questions préliminaires jusqu'ici agitées très-vivement, & sans la solution desquelles on ne sauroit cependant marcher surement dans cette étude.

Nous rechercherons 1°. en quel lieu naquit la Langue primitive.

2°. Dans quels momens commença à se manifester ce Génie de l'Homme qui le porte à la découverte des Arts & des connoissances par lesquelles il subvient à ses besoins, & il s'élève & se perfectionne sans cesse.

3°. Quels étoient les progrès des Connoissances humaines, & quels moyens avoient été employés pour les perfectionner, lorsque la Langue primitive se subdivisa en plusieurs Dialectes.

4°. Comment il arriva alors, que ces connoissances primitives augmenterent chez les uns, s'affoiblirent & s'altererent chez les autres.

Ce seront autant de Principes solides au moyen desquels on pourra résoudre les Problêmes épineux que présente l'Histoire Ancienne, & qui fixeront le dégré de certitude qu'elle doit avoir.

PREMIER ARTICLE.

Nécessité de l'analyse des Langues pour éclaircir l'Histoire des Peuples & pour découvrir leur origine.

On trouvera peut-être surprenant que nous ayons renvoyé jusqu'ici la discussion relative aux lieux où naquit la Langue primitive, & que nous regardions comme portion essentielle de l'Antiquité historique, un problême qu'on croyoit résoudre par la seule comparaison des Langues.

Mais l'analyse des Langues ne sauroit conduire jusques-là. Si elle démontre ce fait qu'il exista une Langue primitive de laquelle naquirent toutes les autres, anciennes & modernes ; c'est tout ce qu'elle peut nous aprendre & tout ce que nous en devons exiger : en vain nous lui demanderions dans quels tems & en quels lieux elle commença.

Par la comparaison des Langues, qui déposent hautement qu'elles descendent toutes d'une seule, qu'elles sont sœurs, ou plutôt qu'elles ne sont toutes que la Langue primitive elle-même, variée, changée, enrichie par ceux qui la parlerent, & aux besoins desquels elle se prêtoit à l'instant & sans gêne : par cette comparaison, dis-je, la Langue primitive paroît de tous les Pays, sans être d'aucun en particulier : porter tous les noms sans en avoir à elle ; avoir rempli toute la Terre sans l'avoir parcourue ou sans avoir changé de place.

Ses destinées sont celles du genre-humain lui-même : elle naquit avec lui ; elle subsistera tandis qu'il y aura des hommes.

Voulons-nous éclaircir les lieux & les tems de son origine ? Ouvrons les fastes du Monde : c'est à l'Histoire à nous enseigner en quels lieux, pour la premiere fois, l'ame d'un homme se rendit sensible par la parole à celle de son semblable, & par conséquent, où naquit la Langue primitive : si cet événement merveilleux eut lieu dans une seule Contrée, d'où cette Langue s'étendit avec les hommes par-tout où ils passerent ; ou s'il parut tout à la fois dans un grand nombre de Contrées éloignées les unes des autres : laquelle de ces deux opinions est la plus conforme à une saine Philosophie, de celle qui n'établit qu'un premier homme, ou de celle qui les multipliant comme les animaux, les fait éclore comme des Champignons sur toute la surface de la Terre.

Ici l'Histoire & la Langue primitive se prêteront un secours mutuel. La connoissance de celle-ci nous fera mieux pénétrer dans le sens de celle-là : & les Monumens historiques mieux entendus & mieux liés ne nous laisseront rien à désirer sur l'origine de la Langue primitive & de ceux qui la parlerent.

Jusqu'ici on n'avoit gueres pensé à décider cette grande Question que par l'un de ces moyens : on ne faisoit pas réflexion que dans des recherches de cette nature, il faut avoir nécessairement deux points d'apui, deux objets de comparaison, sans lesquels on ne sauroit arriver à une conclusion assurée.

Ceux qui, pour connoître l'origine des Langues, n'avoient consulté que les Langues, & ceux qui, pour connoître l'origine des Hommes, n'avoient consulté que l'Histoire, s'étoient donc ôté tout moyen de réussir. Ils ne pouvoient avoir, & ils n'ont jamais eu en effet que des demi-résultats qui n'avoient pas assez de force pour dissiper les nuages.

Réunissant au contraire l'Histoire & les Langues de toutes les Nations, la vérité ne peut échaper ; & lors même que nos résultats ne nous aprendroient rien de nouveau, ils seront du moins plus lumineux.

Cette analyse des Langues ne sert pas uniquement à mieux entendre les Monumens des Anciens : elle va de plus au-delà de ces Monumens qu'elle suplée, & elle nous donne l'Histoire même de l'Esprit humain & de ses développemens chez chaque Nation. Par la masse des mots d'un Peuple, on découvre la vraie étendue de ses connoissances & de son génie ; sa manière de voir & de s'énoncer ; son occupation dominante, s'il fut une Puissance maritime, militaire ou agricole : son caractère principal, ses mœurs, la nature même de son sol, & ses productions propres, ses vertus & ses vices. D'après la Langue d'un Peuple, en un mot, on peut le peindre d'une manière plus exacte que d'après ses monumens historiques : on y suit sans peine les progrès des Sciences & des Arts, & la route qu'ils ont tenue.

L'Histoire des Peuples devient une affaire de calcul : par conséquent aussi sûre qu'elle étoit incertaine, & aussi lumineuse qu'elle étoit obscure.

De-là résultera la perfection de cet Ouvrage, dans lequel l'Antiquité paroîtra UNE, & de Langue, & de Traditions, & de mœurs, & de Loix, &c. Il réunira ainsi les avantages des discussions étymologiques & historiques, sans avoir la sécheresse des unes, & la stérile abondance des autres.

SECOND ARTICLE.

Si les Arts & les connoissances de premier besoin datent de l'Enfance du Monde.

La question sur les Lieux qui virent naître la Langue primitive, conduit naturellement à rechercher si l'homme travailla à sa perfection dès les premiers instans ; s'il y procéda sans peine, sans gêne, par l'impulsion du sentiment ; ou s'il végéta pendant long-tems, abandonné à lui-même, sans ressource, sans génie, sans esprit inventif, manquant de tout, & confondu avec la foule des animaux, à la plûpart desquels il se trouveroit par-là prodigieusement inférieur : en sorte que ses connoissances, & tout ce qu'il doit à son industrie, n'auroient paru qu'après une suite immense de Siécles passés dans l'obscurité, dans l'inaction, dans l'ignorance, dans la privation de toute aisance & de toute commodité.

Si l'Homme ayant été formé dans cet état, auroit pu en sortir comme il a fait : ou si le premier germe n'en fut pas placé au-dedans de lui par le Créateur, avec une telle force qu'il lui fût impossible de s'y refuser, & de ne pas faire dès les premiers instans, les pas les plus rapides vers sa perfection physique & morale.

Par-là même, ce que l'on doit penser de la vie sauvage qu'on attribue aux premiers Hommes, & de celle dans laquelle sont encore plongées tant de Nations.

Questions qui entrent nécessairement dans l'analyse du Monde primitif & que nous ne pouvons nous dispenser d'éclaircir. Car suivant que l'on établit, ou que l'on nie cette perfectibilité, l'Histoire des Peuples s'éclaircit, ou devient une Fable absurde : l'Homme doit s'être toujours montré ce qu'il est, très-supérieur aux autres êtres, ou confondu avec les animaux, avoir rampé avec eux sur la Terre, n'avoir été éclairé que par des hazards foibles & à de grandes distances les uns des autres, ou dirigé par une lumière supérieure, avoir travaillé sans cesse à se perfectionner.

TROISIÉME ARTICLE.

Jusqu'à quel point & par quels moyens ces Objets avoient été perfectionnés, lorsque la Langue Primitive se modifia en Langues Nationales.

Les Langues toujours relatives aux idées, durent nécessairement naître & s'accroître avec elles ; mais les idées ne purent se déveloper que lorsque les hommes commencerent à se perfectionner, à s'élever au-dessus de leur état primitif.

Il faut donc, lorsque l'on veut analyser l'Homme primitif, rechercher jusques à quel point il perfectionna ses connoissances & par quels moyens il put réussir. Sans cela, l'Histoire de l'Homme primitif s'évanouit comme un songe, & elle ne peut servir de base pour expliquer les Tems postérieurs.

L'on doit donc rechercher quelles ressources furent pour cet effet ménagées aux hommes par la Providence Divine : certainement, le même Être qui les rendit susceptibles de perfectibilité, & qui leur en donna le goût, dut leur fournir en même tems le modele qu'ils devoient imiter, & les moyens par lesquels ils pouvoient y parvenir.

Ici se présente dans toute sa beauté & avec ses dévelopemens aussi majestueux que consolans l'ORDRE NATUREL, établi par le Créateur lui-même entre l'Homme & l'Univers, au moyen duquel l'Homme considérant ce qui est autour de lui, connoît à l'instant la route qu'il doit tenir pour tendre à sa perfection & à son bonheur.

Nous verrons donc ici en quoi consiste cet Ordre; jusques à quel point les Hommes qui parlerent la Langue primitive s'y conformerent; & comment il les fit parvenir en peu de tems à un haut dégré de perfection.

QUATRIE'ME ARTICLE.

Conduite oposée des Peuples à l'égard de l'Ordre naturel.

Après avoir vu ainsi le Monde primitif s'élever à ce point de splendeur par son obéissance aux Loix de l'Ordre, & se répandre sur la surface de la Terre par les effets nécessaires de cette obéissance, se diviser ainsi en plusieurs Peuples & en plusieurs Langues, nous verrons comment ces premieres Connoissances s'altérerent chez les uns, comment elles continuerent à se perfectionner chez les autres, & quelles furent les causes de cette conduite oposée.

Ces Préliminaires seront suivis du dévelopement des VIII. Objets qui constituent l'Antiquité historique, & dont nous allons donner une légère esquisse.

PREMIER OBJET.
GÉOGRAPHIE.

CETTE portion de l'antiquité a été si aprofondie par des Hommes du plus grand mérite, que nous aurons peu de choses à y ajouter ou à relever. Nous n'en parlerons qu'autant que cela sera nécessaire pour completter nos recherches sur l'Antiquité, ou pour donner plus de force & de certitude à ce que l'on en a déja dit : de même que pour dissiper des doutes élevés depuis lors relativement à ces objets. Ainsi nous ferons voir que toutes les Nations & toutes les connoissances de quelqu'espèce que ce soit, sont sorties de l'Orient ou de l'Asie : que si cela est incontestablement vrai pour tous les Peuples de l'Europe, ensorte qu'on ne sauroit le nier sans prouver l'ignorance la plus profonde des Monumens les plus certains, il est encore plus vrai à l'égard des autres Contrées de notre Hémisphère ; & qu'il doit l'être également des Peuples même de l'Amérique.

Nous verrons ensuite que chaque Contrée de la Terre eut des Habitans à raison de la bonté de son sol & des avantages de sa situation, & que les Pays dont l'Histoire Ancienne nous parle comme ayant été les plus peuplés, les plus riches, les plus policés, furent toujours les lieux les plus fertiles & les plus beaux.

On examinera ensuite quel dégré de certitude mérite la Géographie des HÉBREUX, & l'on verra qu'HOMÈRE parle des Voyages Phéniciens faits autour de l'Afrique avant que les Flottes Marchandes de SALOMON parussent sur les Mers.

SECOND OBJET.
CHRONOLOGIE.

SANS entrer dans tout le cahos de la Chronologie ancienne, remplie de problêmes, qui jusques ici ont paru insolubles, nous espérons en présenter un tableau où ces grandes & terribles difficultés seront surmontées & vaincues avec une aisance qui surprendra. Jusques ici on a oposé Chronologie à Chronologie ; & celle de tous les Peuples anciens à celle des Hébreux:

par une méthode nouvelle, nous réunirons toutes ces Chronologies si diverses en aparence, & l'on verra s'évanouir leurs prétendues différences. Ce sera donc un travail pareil à celui que nous aurons fait sur les Langues, dont on aura vu le raport & l'intelligence naître de leur simple raprochement.

Nous prendrons même la Chronologie Chinoise telle que nous la donnent les Chinois depuis YAO, sans en rien retrancher, lors même qu'avec de grands Astronomes, nous pourrions en ôter plusieurs siécles.

Par un travail très-nouveau sur la Chronologie Egyptienne, si hérissée de difficultés, & sur laquelle on a bâti tant de systêmes, nous ferons voir qu'elle est d'une certitude incontestable par le parfait raport de quatre ou cinq Chronologies de ses Rois qu'on croyoit oposées entr'elles.

Nous répandrons même un nouveau jour sur les derniers Rois de Babylone antérieurs à CYRUS, par des raprochemens très-naturels, & qu'on n'avoit point encore pensé à faire.

Notre travail sur la Chronologie ne sera donc pas la portion la moins précieuse de nos recherches : il donnera, nous l'espérons, une idée plus simple & plus exacte de cette partie de l'Antiquité.

TROISIEME OBJET.
HISTOIRE.

DIVISANT alors les Tems historiques de l'Antiquité en deux Classes ; tems communs à tous les Peuples, & tems propres à chacun, nous n'aurons plus qu'à raprocher pour chacun de ces Périodes, les Traditions des Peuples ; & nous verrons que pour les tems communs, ils sont tous parfaitement d'accord entr'eux, ils tiennent le même langage, ils ne présentent qu'une seule & même tradition : & que cette harmonie est infiniment plus sensible qu'on n'eût osé l'espérer.

Nous ferons voir de même, relativement aux tems propres à chaque Peuple, qu'ils ne renferment rien qui contredise cette harmonie primitive, & qui n'en soit une conséquence.

QUATRIÉME OBJET.
USAGES ET MŒURS.

A La connoissance de l'Histoire, se joint indispensablement celle des Usages & des Mœurs : plus intéressante encore que celle de l'Histoire, parce qu'elle donne une idée plus juste & plus exacte des Peuples. L'Histoire ne nous présente que leurs révolutions : c'est la peinture extérieure des Peuples, si l'on peut se servir de cette expression ; mais par leurs usages on pénétre dans leur intérieur, dans leurs idées, dans leur façon de penser. C'est dans les usages que se peignent les Peuples, comme l'individu dans ses habitudes : aussi l'Histoire suit nécessairement la marche des Usages & des Mœurs.

Par les Usages, les Peuples triomphent des révolutions les plus étranges : c'est une base inébranlable à laquelle les Conquérans les plus intraitables sont forcés de se soumettre, tandis que ceux qui ne tiennent à rien sont toujours la proie du premier innovateur, assez puissant pour se mettre au-dessus des usages & des mœurs de son siécle, ou de sa Nation.

A cet égard, nous ferons voir que toutes les Nations, au moment qu'elles arrivèrent chacune dans leurs Contrées, avoient exactement les mêmes mœurs & les mêmes usages ; qu'étant déja liées entr'elles par le langage & les Traditions, elles le furent encore à tous ces égards.

Qu'ainsi le nombre des idées, chez les Hommes primitifs, fut beaucoup plus considérable qu'on ne pensoit : que par conséquent, ils n'avoient pas simplement épuisé le Dictionnaire des Objets physiques, mais qu'ils avoient déja extrêmement étendu celui des objets intellectuels & moraux : Que leur Langue étoit donc infiniment plus figurée qu'on ne pense, & qu'on est en droit de prendre au figuré les termes physiques dont le sens seroit en oposition à ces connoissances, si on les bornoit au simple physique. Principe qui deviendra une clef d'autant plus intéressante de l'Antiquité, qu'à cet égard on n'avoit que des présomptions & rien d'assuré.

CINQUIÉME OBJET.
DOGMES.

LEs Usages se divisent en deux Classes, les Civils & les Religieux : ceux-ci tiennent essentiellement aux Dogmes : on ne sauroit donc se former une juste idée de l'Antiquité & completter son Histoire & ses usages sans examiner quels furent les Dogmes des Peuples de la plus haute antiquité; quelle fut leur influence sur les usages & les Arts; quelle peut être leur origine; quel fut le raport des Peuples à cet égard.

On recherchera en même tems les sources de ce respect profond qu'eurent tous les Peuples anciens pour leurs Ancêtres & pour les usages qu'ils en avoient reçus; qu'ils maintenoient & se transmettoient de siécle en siécle, avec une soumission sans égale; comme si elles avoient une source divine & incontestable, & qu'il fût absurde d'en examiner l'origine.

SIXIÉME OBJET.
LOIX AGRICOLES.

CE qui a raport à cet objet, n'étoit pas encore entré dans l'Histoire des Peuples : elle ne sauroit être cependant complette & certaine, sur-tout relativement à leurs origines, sans la connoissance des moyens que ces Peuples eurent pour subsister & pour s'agrandir.

Avant que d'agir, il faut vivre : comment donc pourrons-nous nous assurer qu'en tels tems & en tels lieux, il y eut de grandes Nations & des Empires florissans, si nous ne savons déjà qu'à cette époque ce sol étoit susceptible d'une grande culture, & qu'il étoit possédé par un Peuple qui en tiroit le plus grand parti? Sans cela, l'Histoire n'est qu'un amas d'incertitudes. D'ailleurs, les vertus & les vices des Peuples ont le plus grand raport avec le sol que ces Peuples habitent, & avec la manière dont ils le cultivent ou dont ils le négligent. Les qualités morales des Peuples sont donc sujettes aux régles invariables du calcul le plus démontré.

Les Loix relatives à l'Agriculture nous occuperont donc d'une manière particulière : nous rassemblerons tout ce que nous trouverons à cet égard chez les Anciens : nous ferons voir l'origine & la cause de ces Loix; & comment les Peuples qui les observerent, leur durent leur prospérité & leur gloire.

Nous verrons qu'à cet égard les Peuples agricoles trouverent d'abord le Code le plus parfait; & que celui qui subsiste encore chez les Peuples les plus anciens de l'Asie, n'est qu'une descendance de ce premier des Codes.

Nous y verrons encore quel rang tinrent chez tous les Peuples ceux qui étoient dévoués à l'Agriculture; & que ce rang étoit parfaitement conforme à ce qu'éxigeoit l'Ordre Naturel des Sociétés, & auquel les Peuples de l'Europe même seront forcés de revenir, lorsqu'ils voudront perfectionner leurs Loix & leurs opinions, & tirer le plus grand parti de leur situation.

Quelquefois même nous apercevrons un contraste affligeant entre les Générations qui fonderent ces Empires & les Générations modernes. Tandis que celles-là ne s'occupoient que de l'avenir ; qu'elles préparoient des ressources immenses pour leurs descendans ; qu'elles laissoient à leur postérité ses héritages dans le meilleur état ; on verra celles-ci ne leur laisser souvent que des ruines, des friches & des dettes ; ne s'occuper que du présent, & consommer tout ce qui devoit perpétuer la source des richesses : mais nous ne nous arrêterons à ce douloureux spectacle, qu'autant qu'il faudra pour faire sentir la nécessité du reméde.

SEPTIÉME OBJET.

CALENDRIER, FESTES ET ASTRONOMIE.

CET Objet trop négligé, ou qui du moins n'a jamais été considéré relativement à l'utilité dont il peut être pour l'Histoire du Genre humain, tiendra une place considérable dans ces recherches, où l'on se propose de suppléer à tout ce que l'on n'a pas dit, d'éclaircir & de démontrer ce que l'on n'a fait qu'entrevoir.

Nous verrons le Calendrier s'établir pour le bonheur des Hommes & pour la direction de tous leurs travaux, & sur-tout pour ceux de l'Agriculture ; se régler sur l'institution même de la Nature, & se composer de Fêtes d'autant mieux nommées, qu'elles étoient, pour des Peuples agricoles, de vrais jours de Fêtes & de réjouissance, consacrés à la Divinité, source première de tant de biens.

Passant ensuite ces Fêtes en revue, nous ferons voir les tems & les motifs de leur établissement, & de quelle manière elles se sont conservées, sans que rien ait été capable de les abolir.

Nous les verrons même subsister encore parmi nous, mais nous présenter des objets infiniment plus intéressans : & au lieu de nous rapeller de simples événemens physiques, nous élever à des objets plus sublimes & nous ramener à des idées intellectuelles très-supérieures aux premières vues qui les firent établir.

Dans cette portion de notre travail, entreront divers Monumens de l'Antiquité, relatifs à cet objet, accompagnés d'explications nouvelles & intéressantes. Nous y montrerons, par exemple, de quelle manière on peignit le Calendrier ; d'abord sur les murs des Temples pour l'instruction des Peuples, ensuite sur des Monumens portatifs ; comment ces représentations donnerent lieu à des Histoires allégoriques très-ingénieuses, telles que l'Histoire des TRAVAUX d'HERCULE & leur explication comme Emblême des travaux de la Campagne pour chaque mois de l'année : la

TABLE d'ISIS & son explication, comme Calendrier Egyptien : divers morceaux des FASTES d'OVIDE relatifs au Calendrier.

L'origine de la Semaine, du Jour du repos & des Mois, &c. & tout ce que nous avons pu rassembler de Calendriers anciens.

A ceci se joignent quelques détails intéressans, relatifs à l'Astronomie ancienne.

D'un côté, les aperçus étonnans qu'avoient eus les Anciens, relativement à nos grandes découvertes modernes en Astronomie.

D'un autre, l'origine des Noms d'une grande partie des Constellations anciennes, & très-antérieures aux Grecs.

L'Histoire de THOT, ou Mercure, qui avec tous ses symboles, le présente de la manière la plus sensible comme l'Inventeur de l'Astronomie.

L'origine du nom des Planettes.

Des Recherches sur les Périodes Astronomiques inventées par les Anciens, & que mal-à-propos on regarda comme historiques.

HUITIEME OBJET.

ARTS.

CETTE partie de nos Recherches seroit infiniment intéressante, si nous pouvions y rendre compte de la manière dont les Anciens opéroient dans la plûpart de leurs Arts, & sur-tout dans ceux qui paroissent être perdus : mais on sent très-bien que cet Objet envisagé sous ce point de vue, est au-dessus de nos forces. Ce n'est donc point un Traité complet sur les Arts des Anciens que nous annonçons ici; mais seulement la réunion d'un grand nombre d'Objets intéressans, relatifs à cette partie de l'Antiquité, & propres à y répandre plus de jour.

Nous traiterons, par exemple, de l'origine de la POESIE des Anciens & de l'origine de leurs mesures : nous ferons voir que les Vers grecs & latins furent calqués sur les Vers Orientaux ; & nous démontrerons que les Livres hébreux contiennent des morceaux entiers écrits en Vers héroïques & aléxandrins, en pieds métriques parfaitement analogues à ceux que composerent ensuite les Grécs & les Romains. Proposition qui paroîtra peut-être surprenante au premier coup d'œil, mais qui deviendra tout au moins probable, dès qu'on se rapellera que les connoissances sont venues de l'Orient.

La PEINTURE liée à la Poësie, & la SCULPTURE antérieure à la Peinture, Arts qu'on lia étroitement aux Cérémonies sacrées & à la Religion, feront une portion essentielle de nos Recherches, dans leurs raports avec ce qui en fait l'objet, & sur les causes qui porterent ces Arts à un si haut degré de perfection chez les Anciens.

Nous traiterons du grand & excellent ufage qu'ils firent de la MUSIQUE, & de leurs Principes fur l'Harmonie auxquels ils ramenoient toutes leurs Inftructions : d'où vinrent leurs grandes idées fur les NOMBRES.

Ce qui nous conduira à l'origine & à l'ufage de la DANSE, & fur-tout à ce qui regarde les Danfes facrées, & les Inftrumens de Mufique.

Nous raſſemblerons également ici les Objets les plus intéreſſans fur les MONNOIES & les MÉDAILLES des Anciens, & fur leur origine.

Leurs NAVIGATIONS & leur COMMERCE.

L'origine du VERRE & fes divers ufages.

En un mot, tout ce qui paroît le plus utile pour éclaircir les Arts & les ufages de l'Antiquité, a droit à ces Recherches, & entrera dans cette portion de notre Travail.

OBJETS DÉTACHÉS,
OU MISCELLANEA.

LEs Objets que nous venons de préfenter à nos Lecteurs, & qui forment entr'eux un Tout étroitement lié, dont les diverfes Parties fe foutiennent & s'éclairent mutuellement, ne terminent cependant pas notre marche : de-là naiſſent nombre de Recherches, d'aperçus & de travaux utiles & intéreſſans, qui fans s'incorporer auſſi intimément avec l'enſemble que nous venons de parcourir, en font des conféquences immédiates, ou des dévelopemens lumineux.

Tels font des TRADUCTIONS d'Ouvrages compoſés dans la haute Antiquité, & fur-tout dans l'Antiquité allégorique, qu'on n'avoit pu rendre jufqu'ici avec l'exactitude néceſſaire, parce qu'on étoit privé des fecours qu'offrent tous les Objets dont nous venons de traiter : comment en effet pouvoit-on rendre éxactement des Ouvrages qui tiennent à la Langue primitive, au Génie allégorique & à l'Hiſtoire des premiers tems, dès que l'on n'avoit de tout cela que des idées imparfaites, & fouvent fauſſes ? Ignore-t-on d'ailleurs que plus les Auteurs ont été anciens, & plus on a eu de peine à les entendre. Dans les beaux jours de Rome, on ne comprenoit plus la Langue de NUMA : & du tems de XENOPHON & de PLATON, les Infcriptions des tems d'HERCULE & de THÉSÉE étoient prefque inintelligibles.

Ceci doit être vrai, fur-tout des Livres de MOYSE. Plus ils font anciens, & plus ils doivent être difficiles à entendre, foit relativement aux mots, foit par raport aux chofes connues de fon tems auxquelles il fait allufion, & qui font perdues pour nous : auſſi font-ils obſcurs en divers endroits, malgré les travaux de plufieurs fiécles pour les éclaircir. Mais plus ils font anciens, &

plus par conséquent ils se raprochent de la Langue Primitive : ils doivent donc devenir plus intelligibles, à mesure que l'on connoît mieux cette Langue ; & plus ils font allusion aux connoissances primitives, plus ils doivent devenir clairs & intéressans, à mesure que l'on a des idées plus nettes, plus distinctes de ces connoissances.

Aussi nous serons en état de rendre d'une manière simple & naturelle nombre de Passages & de morceaux des Livres Hébreux, de l'obscurité desquels sont convenus les Critiques les plus distingués.

Ce travail sera d'autant plus utile qu'il jettera un grand jour sur l'Antiquité, par la liaison étroite qui régna nécessairement entre les connoissances des Hébreux & celles de tous les Peuples contemporains les plus policés & les plus illustres de leur tems, tels que les Egyptiens, les Phéniciens & les Chaldéens. C'est ici un point de vue sous lequel on n'a pas assez envisagé ces Livres, & qui seul devroit les rendre précieux à tous ceux qui se piquent d'érudition & de connoissances.

Nous ne craignons pas que l'on nous objecte que ces Livres ne sauroient être entendus d'un moderne, d'un homme confiné aux extrémités de l'Occident, & qui n'a pas vieilli parmi les Arabes, les Indiens, les Chinois, ou tel autre Peuple d'Asie : qu'il est impossible d'entendre à présent l'Hébreu mieux que dans le tems des LXX. & des Commentateurs de l'Antiquité. Le dégré d'intelligence dans les Langues requis pour entendre les Ouvrages de cette haute Antiquité, est indépendant de la connoissance méchanique que l'on objecte ; il est tel que l'éloignement des tems & des lieux ne peut lui porter aucune atteinte : & que les Livres anciens tels que ceux des Hébreux, peuvent être beaucoup plus clairs pour nous qu'ils ne l'étoient pour les LXX. & pour ceux qui les ont suivis, ensorte que nous serions plus près qu'eux du siécle de Moyse.

Lorsque la Version des LXX. parut, la Langue de Moyse avoit vieilli ; déja, on ne pouvoit l'entendre qu'avec peine : le fil des Langues étoit déja perdu, l'on n'avoit sur-tout aucune idée de la Langue primitive. Les LXX. avoient donc moins de secours pour surmonter les difficultés qu'ils avoient à vaincre, dans un tems où il n'existoit aucun Dictionnaire, aucune critique, aucune comparaison de Dialectes, , aucun répertoire de mots anciens : aussi réduits souvent à deviner, on les voit hésiter, traduire le même mot de diverses manières, chercher à rendre le sens quand ils ne peuvent se former une idée exacte des mots.

Dans ces derniers tems, au contraire, l'on s'est procuré des secours immenses ; l'on a discuté, pésé, fixé la valeur de chaque mot Hébreu ; on l'a déterminé par tous les Dialectes de cette Langue : Syriaque, Arabe, Chaldéen, aucune des Langues, en un mot, qui pouvoient éclaircir celle-là, n'a été négligée : les régles d'une saine critique ont été fixées : & l'on a pu relever avec succès la Version des LXX. dans une multitude d'endroits.

Nous

Nous pourrons également aller beaucoup plus loin par le rétablissement de la Langue & des Connoissances primitives, & par l'ensemble de nos recherches.

Les Livres sacrés des Hébreux ne seront pas les seuls sur lesquels nous répandrons de la lumiere par notre marche. Il en sera à peu-près de même de la plûpart des Livres anciens, sur-tout de ceux que nous avons indiqués dans l'article des Cosmogonies & des Théogonies comparées.

Nous serons en état, par exemple, de donner une Traduction de l'EDDA, de cette Mythologie des Enfans du Nord, écrite en vieux Runique, plus claire que celles que l'on nous en a données en diverses Langues, & de l'accompagner d'un Glossaire qui expliquera nombre de ces mots allégoriques qu'on n'avoit pu entendre, & qui présentera les raports frapans de la Langue dans laquelle l'EDDA fut écrit avec les autres Langues, comme nous aurons fait voir les raports de cette Mythologie avec celles des autres Peuples.

Un grand nombre d'endroits des Poésies d'ORPHÉE, d'HÉSIODE, d'HOMERE, &c. & des anciens Historiens, deviendront plus aisés à traduire, plus clairs, plus intéressans par-là même.

II. L'on ne sera donc pas étonné qu'une portion considérable de ces Miscellanea soit composée d'OBSERVATIONS CRITIQUES que nous aurons eu occasion de faire dans le cours de ces recherches pour rectifier des méprises jusques ici inévitables ; & que ces observations donnent lieu à des discussions curieuses & intéressantes.

III. Enfin, ces recherches se terminent par un grand nombre de Morceaux ou DISSERTATIONS sur des points d'Histoire, de Chronologie, de Philosophie ancienne, &c. liés avec tous les objets précédens, trop étendus pour faire corps avec eux ; & trop intéressans pour être négligés.

CONCLUSION.

I°.

Utilité de ces Recherches.

Tel est le Tableau général & raisonné des recherches qui forment l'ensemble du Monde Primitif analysé & comparé avec le Monde Moderne.

Nous osons nous flater que nos Lecteurs le trouveront aussi intéressant que vaste & diversifié : qu'il leur inspirera le desir d'en voir le dévelopement : qu'ils ne craindront pas de nous suivre dans des recherches qui offrent une perspective aussi nouvelle que satisfaisante.

Ils se plairont à prendre avec nous le genre-humain au berceau : à voir par quel moyen il sortit de l'enfance & s'éleva avec autant de rapidité que de succés aux Arts nécessaires & agréables, aux connoissances les plus utiles & les plus belles.

Comment il sçut se former une Langue adaptée à son état, à ses besoins: peindre ses idées à l'oreille, par le langage ; aux yeux, par l'Ecriture ; donner à la pensée & au son une permanence visible & une stabilité aussi durable que celle de l'Univers.

Comment cette invention admirable, hâta la réunion des Hommes en société ; changeant leur foiblesse individuelle en grandeur & en force, & les élevant sans cesse au-dessus de leur premier état.

Par quel moyen, triomphant des Saisons & des Elémens, ils parvinrent à faire renaître sans cesse leur subsistance : à changer une Terre couverte d'eaux & de forêts, en Campagnes fertiles, d'où naissent des Générations & des reproductions qui se succédent avec autant d'ordre que de continuité.

Ceux qui ont l'ame sensible, qui aiment le beau, l'honnête, l'utile, ne dédaigneront pas de descendre avec nous dans ces détails : ils seront impatiens de voir l'Antiquité se revêtir d'un nouveau lustre, déployer à nos yeux une pompe dont on n'avoit qu'une idée très-imparfaite, rendre raison de tout ce qui existe, former un édifice brillant de sagesse & de lumière digne des Hommes qui l'éleverent, de la Nature qui y présida, de la Puissance infinie qui créa cet Univers pour le bonheur de ceux qui devoient l'habiter.

Avec quelle satisfaction ne verra-t-on pas les Monumens anciens reprendre une nouvelle vie, présenter par-tout les traces les plus frapantes de la Sagesse de leurs Auteurs, n'être plus un cahos de Fables absurdes, injurieuses à la Divinité, honteuses pour l'humanité : l'Histoire elle-même acquérir plus de certitude, & les Traditions primitives rétablir par cette union le souvenir des tems anciens ; & les débris des connoissances de ces premiers tems, se retrouver dans tout ce qui existe encore, & sur-tout dans les Langues : le Monde moderne s'enter sur le Monde primitif ; tous apuyés sur la Nature & sur son imitation, ne former qu'un tout dont la connoissance seule peut conduire les Hommes aux bornes les plus reculées que l'Humanité puisse atteindre.

Ces Recherches ne sont donc pas un simple effet de la curiosité : elles deviennent indispensables pour ceux qui voudront se livrer à l'étude & porter à un plus haut point d'évidence les connoissances qu'ils ont déja acquises. Elles accompagneront l'Homme de Lettres depuis les premiers pas qu'il fera dans cette carrière jusqu'aux derniers : elles y répandront plus d'agrémens, plus d'intérêt, & les rendront moins pénibles & moins sombres.

L'Etude des Langues en deviendra beaucoup plus aisée. Cette étude à laquelle sont obligés de se livrer des Citoyens de tout ordre, emporte les plus beaux jours de la vie ; & ce qu'elle aprend ne laisse souvent qu'obscurité dans l'esprit : on est hors d'état de se rendre raison du peu que l'on sait ; & ce n'est pas là ce que des Êtres pensans doivent honorer du nom de *Savoir*.

Avec le secours de ces recherches, tout change de face. Rien dans les Langues qui n'ait sa raison, & qui ne soit par-là d'un facile accès pour nous.

Les Elémens de l'Alphabet, puisés dans la Nature, deviennent la racine du langage ; chacun d'eux lié à ses dérivés, est une clef qui en ouvre le sens : on voit naître les noms de tous les objets qui nous intéressent, des Contrées que nous habitons, des montagnes que nous cultivons, des eaux qui arrosent nos Campagnes & nos Villes : on les voit toujours déterminés par leurs qualités & par les ressources que fournit l'instrument vocal pour les désigner. On acquiert de cette manière, sans peine & sans dégoût, une prodigieuse quantité de mots qui donneront la clef des Langues anciennes & modernes.

La comparaison des Alphabets de chaque Peuple, & sur-tout la connoissance de la manière dont les sons & les intonations de l'instrument vocal se mélangent sans cesse, donneront la plus grande facilité pour lier entr'eux les mots de toutes les Langues qui apartiennent à une même famille, & pour n'en oublier jamais ni l'origine, ni la valeur.

La Grammaire universelle fondée sur la Nature, & aussi simple qu'évidente, prêtera en même tems son secours pour saisir & se rendre propres les Grammaires particulières de chaque Langue, puisqu'elles ne seront que des modifications de la grande Régle, apliquée aux circonstances physiques & particulières de chaque Peuple.

L'obstacle qu'oposent les Langues aux progrès des Sciences, en se confinant dans une petite portion de l'Univers, ne portera plus la même atteinte à ces progrès.

Ces Langues elles-mêmes trouveront ici de puissans secours pour se perfectionner, & pour rétablir l'énergie de la Langue Primitive. D'un côté, elles deviendront toutes beaucoup plus intéressantes, dès que l'on verra qu'elles n'ont aucun mot qui n'ait sa raison & qui ne peigne quelque objet. D'un autre, en retrouvant les racines de chaque Langue, on pourra rétablir la manière dont les composés s'en formoient dans les commencemens, & donner lieu à une multitude de mots propres à chaque Langue : & ces mots complettant les Familles peu nombreuses qui subsistent déjà, enrichiront nos Langues modernes, & leur donneront la plus grande supériorité sur celles de l'Antiquité qu'on admire le plus.

Les Monumens de l'Antiquité étant mieux entendus, deviendront plus intéressans, & se liant étroitement avec nos connoissances, on n'aura plus à craindre, à leur égard, les funestes effets des dégradations de toute espéce, auxquelles ils ont été exposés; dégradations inévitables quand on en ignoroit l'énergie & l'utilité, & dont on ne peut les garantir qu'en les liant avec nos connoissances les plus essentielles. Ceux qui ont résisté jusqu'ici aux ravages du tems & de l'ignorance, rajeunis en quelque sorte par ces nouvelles vues, & devenus nécessaires pour tous les états, passeront à la postérité la plus reculée : leur lumière ne s'éteindra plus.

Le Génie allégorique de l'Antiquité, ses symboles, sa Mythologie étant rétablis dans leur premier lustre, & n'offrant plus un amas de Fables absurdes, seront d'une ressource infinie non-seulement pour l'intelligence de l'Antiquité, mais aussi pour la perfection des Arts, de la Poësie, de la Peinture, &c. Ces Arts y puiseront une multitude de connoissances qui répandront sur eux plus de variété, de sublimité, d'énergie & d'intérêt : leurs symboles & leurs emblêmes, en se raprochant, ou, pour mieux dire, en se liant à la vérité, acquerront plus de beauté & de grandeur. On n'y verra plus une simple imitation de Fables triviales, absurdes, fruits d'une Religion corrompue ou bizarre, mais l'imitation noble & touchante des grands effets de la Nature, de l'ordre admirable qui y préside, de son influence sur tous les Etres & dans tous les siécles, & aussi intéressante pour nous qu'elle pouvoit l'être pour les Anciens. Ces beautés nous fraperont d'autant plus, que tout ce qui nous touche, & qui est du ressort des sensations, l'emporte infiniment sur ce qui ne regarde que les tems passés, ou qui ne parle qu'à l'esprit & à la mémoire.

Il résulte de ces recherches un genre d'avantages très-supérieurs à ceux dont nous venons de parler, & propres sans doute à rendre les autres plus intéressans.

Dans tout ce que les Hommes ont fait, & dans tout ce qu'ils ont inventé, ils se proposerent toujours leur bonheur : mais les générations actuelles, ainsi que les futures, ne sauroient prospérer en imitant leurs Ancêtres, qu'autant que ceux qui leur tracerent la route, ne se seront pas fait illusion.

Ainsi, en même tems que l'on étudie l'Antiquité, il faut pouvoir la juger : seul moyen de perfectionner le dépôt qu'elle nous a transmis.

Mais comment juger l'Antiquité ? comment s'assurer de la bonté & du mérite des connoissances qu'elle nous a transmises, de ses Arts, de ses maximes, de ses opinions, de ses institutions, de ses loix, des idées qu'elle se formoit du Sage, & d'un Peuple heureux, des diverses Classes d'une Nation & de leurs droits respectifs, de la paix & de la guerre, de ce qui constitue la gloire & la grandeur des Etats ? Comment, dis-je, en juger sans un Principe antérieur à toutes ces institutions, sans une Régle invariable, à laquelle on puisse ramener toutes ces choses, sans une base ferme & connue dont on ne puisse point se départir, sur laquelle s'éléve la masse des Institutions seules convenables à l'Homme ?

En ramenant par ces recherches les Connoissances humaines aux besoins des Hommes, & en les soumettant toutes à l'Ordre Naturel qui décide impérieusement du sort des Peuples, ils y aperçoivent la vraie route de leur félicité : ils voient quelle confiance ils doivent avoir dans tout ce qui les a précédé & dans tout ce qu'on leur a présenté comme la source du bonheur & comme régle de leur conduite. Parvenus par ce moyen aux vrais Principes de la félicité publique, & les fixant à jamais, on verra s'élever sur une base immuable cette prospérité des Etats qu'on s'imaginoit si mal-à-propos être assujettie irrévocablement aux vicissitudes humaines & dépérir nécessairement après être parvenus au plus haut degré de la grandeur & de la gloire : préjugé aussi vain, aussi absurde & plus pernicieux encore qu'aucun de ceux que nous combattons dans ces recherches. Les Nations ne seroient plus exposées à être effacées de dessus la face de la Terre ; & chaque génération succédant sans trouble & sans orages à toutes celles qui la précederent, jouiroit paisiblement du fruit de leurs travaux & de leurs découvertes ; & ajouteroit sans cesse à la masse de ses lumières & de sa sagesse. Récompense douce à notre cœur, & qui prouveroit qu'aucune portion du savoir & de la littérature n'est inutile, dès qu'on saura la raporter à son véritable but, l'Instruction & le bonheur.

IIe.

CERTITUDE DU SUCCÈS DE CES RECHERCHES.

Plus ce Tableau est intéressant, plus les avantages que l'on doit retirer de son éxécution sont nombreux & considérables, & plus il est à desirer que les résultats en soient infaillibles & le succès assuré.

Nous n'aurons donc rien fait, si nous n'établissons en même tems la certitude de notre succès sur des preuves satisfaisantes pour le Lecteur, & propres à dissiper les doutes qui se présentent si naturellement à la vue de recherches qui paroissent non seulement au-dessus des forces d'un Homme, par leur immensité, mais même absolument impossibles.

Ici tout concourt à plaider en notre faveur, & à nous donner gain de cause.

1°. Personne n'a encore soutenu que ces découvertes impliquassent contradiction : il n'implique point contradiction que toutes les Langues ayent une commune origine, que les Alphabets soyent nés d'un seul, que la Mythologie ait eu une source raisonnable. Tout ce qui n'implique point contradiction, peut être : tout dépend donc ici de la nature des moyens que l'on employe pour y parvenir.

2°. Ceux dont nous nous servons & sur lesquels s'élève tout notre Travail, ne peuvent être plus simples : ils ne suposent aucune connoissance nouvelle, aucune découverte surprenante, aucun genre de preuve impossible à trouver, aucun Monument qui ne subsiste plus : ce qui est connu, ce qui s'est transmis jusqu'à nous & que l'on possède, suffit pour conduire à cette multitude de résultats.

3°. Tout ce que nous dirons a été cherché par des Savans de tout pays & de tout siécle : l'on n'a donc jamais cru qu'il fût impossible de le trouver.

4°. Peut-être même ne dirons-nous rien qui n'ait été avancé par quelqu'un d'eux, & qui ne l'ait été comme des vérités incontestables. Ainsi tous nos Principes & la plûpart de nos découvertes se trouveront apuyées du suffrage de divers Savans qui les ont pressenties, ou qui chercherent à les établir.

Nous serons donc continuellement apuyés sur deux genres de preuves qui doivent prévenir avantageusement notre Lecteur : la *Raison* & l'*Autorité*.

Si cependant notre Ouvrage a le mérite de la nouveauté, s'il est rempli de découvertes inconnues, il n'aura ce mérite que par son ensemble, que par des détails que cet ensemble pouvoit seul amener, détails qui démontrent avec la plus grande évidence ce que jusqu'ici on n'avoit pu que pressentir ou apercevoir plutôt comme des choses susceptibles de démonstration que démontrées.

5°. Ainsi le défaut de succès dans nos Prédécesseurs est une objection sans force, puisqu'ils ont vu, quoique d'une manière confuse & détachée, les grandes vérités que nous publions ; & que, s'ils ne sont pas parvenus aux mêmes résultats, c'est qu'ils n'ont jamais envisagé ces objets dans l'état de réunion sous lequel nous les avons considérés. La vérité se faisoit sentir à eux avec une force irrésistible ; les moyens seuls leur manquoient pour la proposer avec cette clarté qui entraîne la conviction, sans laisser aucun lieu au doute. On pourroit s'autoriser ici du témoignage d'une foule de Grands Hommes qui désiroient avec ardeur qu'on s'occupât enfin sérieusement de ces recherches, & de l'exemple d'une multitude d'autres qui, d'après leur propre expérience, n'avoient aucun doute fur la vérité de la plûpart des Propofitions que nous avons avancées, & qui ont cependant le plus étonné: telle eft celle qui pofe en fait le raport & l'origine commune des Langues.

6°. Tout fe réduit donc fimplement à comparer méthode à méthode, & à favoir fi celle que nous fuivons eft meilleure que celle qu'ils ont fuivie : mais pourquoi ne le feroit-elle pas, puifque nous avons profité de tout ce qu'ils ont dit, évité leurs fautes, pris un champ beaucoup plus vafte, adopté des Principes plus lumineux & plus féconds ? Nous aurons fur-tout fait voir le néant de ces expreffions *hazard*, *ufage*, *corruption*, avec lefquels on croyoit rendre raifon de tout dans les Langues : ces mots feront bannis d'ici, comme on les a déjà bannis de diverfes Sciences où ils s'étoient gliffés auffi mal-à-propos.

7°. Enfin la rapidité de notre marche, la multitude de nos découvertes, l'harmonie qui règne entre toutes les parties de nos recherches, quelque difparates qu'elles paroiffent, la manière dont elles s'apuient mutuellement ; la facilité avec laquelle le Lecteur nous fuit à travers les recherches les plus profondes, les plus capables d'effrayer ; l'attrait qu'il y trouve, la fatisfaction qu'il goûte à la vue du fpectacle qu'elles lui offrent ; fon defir que ces explications foient vraies, lors même qu'il craint le plus de fe faire illufion : toutes ces confidérations doivent raffurer fur la certitude de nos fuccès, & perfuader que nous fommes dans le vrai chemin.

Ce n'eft pas ainfi que l'on marche lorfque l'on a manqué fa route : les obftacles fe multiplient ; les prétendus Principes deviennent ftériles ; la perfpective eft confufe, embrouillée, les fauffes routes enfin & les exceptions deviennent trop fréquentes pour qu'on puiffe faire beaucoup de chemin & n'être pas forcé de renoncer à l'Ouvrage.

Mais lorfque l'on trouve par-tout l'Unité dans le Principe, & la Diversité la plus grande, la plus fatisfaifante, la plus concordante dans les conféquences ; & que celles-ci s'étendent fans ceffe & deviennent toujours plus nombreufes & plus intéreffantes, on peut être affuré que l'on eft dans le chemin du vrai.

L'on pouroit encore alléguer ici divers avantages particuliers qui ont concouru au fuccès & à l'accélération de cet Ouvrage ; mais le détail en feroit trop long.

Enfin, lors même que l'on ne confidéreroit tout ceci que comme un fyftême, il feroit encore digne de la plus grande attention, dès que toutes les Connoiffances humaines, toutes les Langues, toutes les Traditions, toutes les portions de la Mythologie s'y claffent fans peine & fans effort ; qu'il rend raifon de tous ces objets, & qu'il en facilite l'étude. N'eft-ce pas tout ce que l'on peut attendre d'un fyftême ? & celui-ci étant le plus commode, le plus naturel, le plus vraifemblable de tous ceux que l'on aura imaginés jufqu'ici, ne mériteroit il pas par cela feul un favorable accueil du Public, en attendant que la vérité elle-même vînt le confirmer ou le rectifier ?

J'ai dû être d'autant plus assuré du succès, que je n'ai point cherché à faire un tableau idéal & chimérique : c'est la vérité seule que je me suis proposée pour but & pour guide : je n'ai rien négligé pour parvenir jusqu'à elle sans m'égarer. On verra dans la suite de cet Ouvrage les Régles que je me suis prescrites pour échaper à toute illusion, à tout esprit systématique. J'aurois rougi de ne présenter aux Hommes que des conjectures : j'aurois cru leur manquer. La vérité seule a de légitimes droits sur nos recherches & sur nos hommages ; lui substituer des supositions vaines & frivoles, c'est se tromper soi-même, c'est bâtir sur le sable.

Je suis cependant très-convaincu que malgré l'attention la plus scrupuleuse, malgré l'amour le plus vif pour la vérité, malgré la crainte de me tromper, malgré la critique de mes amis, je n'aurai pas aperçu toutes les vérités que j'eusse pû développer ; que j'en aurai affoibli d'autres ; que je serai tombé dans des inexactitudes & même dans des erreurs. Mais quel Homme oseroit se flatter d'avoir tout vû, tout pesé, tout discuté ? Aussi recevrai-je avec la plus vive reconnoissance, les critiques que l'on fera de ce que j'expose aux yeux & au jugement du Public.

Mais qu'il me soit permis de représenter à ceux qui voudront me juger & décider de la fortune de mon Ouvrage que pour leur propre gloire & pour l'avantage du Public, ils doivent distinguer avec soin les Principes que je pose, des Preuves dont je les appuie : qu'ils ne doivent pas rejetter ceux-là, uniquement parce que celles-ci contiendroient des erreurs : ni attaquer d'une manière vague ces recherches, comme n'étant apuyées que sur des conjectures que rien ne pourroit justifier ; ainsi que je l'ai vu pratiquer envers des Ouvrages estimables & utiles. Plus une sage Critique est avantageuse & nécessaire, plus celle qui ne tombe que sur des généralités & qui n'éclaircit rien, est funeste : elle ne sert qu'à arrêter le succès de ceux qui la redoutent, & à écarter du bon chemin ceux qui se laissent surprendre par ces jugemens précipités.

Si, contre toute aparence, j'avois le malheur d'être attaqué par des Censeurs pareils, & si je ne trouvois, pour me servir des expressions d'un Savant distingué dont l'encouragement m'a été d'un grand secours, que des mains qui me repoussassent, je ne répondrois rien ; je laisserois au Public le soin de prononcer entr'eux & moi.

Ce Travail est sur-tout consacré aux Jeunes-Gens. Formés pour le vrai, avides de le connoître, mais trop souvent rebutés par la longueur du chemin & par l'incertitude du succès, ils trouveront ici une route plus sure, plus aisée. Avec le même tems, ils pourront recueillir des fruits plus satisfaisans & plus nombreux : & en voyant sans cesse d'où ils sont partis, où ils vont, & le chemin qu'ils ont déjà parcouru, ils seront toujours en état de se rendre compte de leurs progrès.

Comme eux j'ai été jeune, comme eux j'ai voulu acquérir des Connoissances ; mais j'ai eu peut-être plus de difficultés à vaincre qu'aucun autre.

C'est

C'est fur-tout à ces difficultés que je dois les Recherches que je mets fous les yeux du Public. Obligé, pour faifir chaque Objet que j'ai voulu connoître d'en faire une analyfe exacte, & de remonter à des principes fimples, j'ai été forcé de fuivre une route nouvelle, de raffembler tout, de comparer tout, de remonter à l'origine de tout.

Il réfultera de-là qu'un Ouvrage qui paroit au premier coup-d'œil n'être fait que pour ceux qui ont de grandes connoiffances, deviendra le Livre Claffique de tous ceux qui voudront favoir quelque chofe : & n'exigeant qu'un dégré d'attention ordinaire, il pourra faire non-feulement l'occupation de ceux qu'on deftine aux Sciences les plus profondes, mais encore de tous ceux qui n'afpirent qu'à orner leur efprit & à favoir quelque chofe de plus que leur Langue maternelle & que l'Hiftoire du jour.

Je tâcherai d'être fort court, & de m'exprimer avec le plus de précifion poffible : cela ne me fera pas difficile, fi j'ai la vérité de mon côté : elle va toujours en avant par le chemin le plus droit & le moins embarraffé. Je ferai encore d'autant moins étendu que les diverfes parties de ces recherches fe ferviront mutuellement de preuves, & épargneront des répétitions qui feroient indifpenfables s'il les faloit établir féparément.

Cependant quelque concifion que j'emploie, quelque peu d'extenfion que je fois obligé de donner à mes principes & à leurs preuves pour les rendre fenfibles, on fera peut-être étonné de la complication de cet Ouvrage & de l'étendue de fes détails.

Mais fi l'on confidére qu'il s'agit d'une matiere qui paroit abfolument neuve, qu'il faut la préfenter d'une maniere qui frape & qui donne le moins de prife aux objections; qu'on y parcourt un grand nombre de fiécles; que l'Antiquité ne pouvoit s'expliquer que par la réunion de tout ce qui là compofe, on jugera peut être, qu'il eut été difficile de fe refferrer davantage, de réunir tant de chofes en fi peu d'efpace, de parvenir auffi vite à un but fi éloigné, & d'y arriver par une route auffi unie & auffi intéreffante.

Elle est devenue d'autant plus agréable & plus aifée, que j'ai eu le bonheur de trouver des fecours ineftimables, dans le zéle, les lumières, les belles Bibliothéques & l'amitié d'un grand nombre de Perfonnes refpectables par leurs rares Connoiffances & par l'empreffement avec lequel elles favorifent les progrès des Arts & des Sciences, qui non feulement m'ont honoré de leur encouragement & de leur Critique fage & lumineufe, mais qui m'ont communiqué & me communiquent tous les jours des Ouvrages rares & précieux fans lefquels mes Recherches auroient été imparfaites. Je me fais un devoir & une gloire d'en ajouter ici les Noms dans le même ordre dans lequel j'ai eu l'avantage d'en être connu & favorifé.

M. l'Abbé BARTHELEMI de l'Académie des Infcriptions, Garde des Médailles du Roi.

M. l'Abbé de VILLEFROY, Professeur Royal en Hébreu, &c.
M. LE ROUX DES HAUTERAYES, Professeur Royal en Arabe.
M. ABEILLE, ancien Secrétaire de la Société d'Agriculture de Bretagne, &c.
M. DUPONT, Auteur des Éphémérides du Citoyen.
M. le Marquis de MIRABEAU, plus connu encore par le nom glorieux d'*Ami des Hommes*.
M. DE BORVILLE, Avocat, & de la Société d'Agriculture de Chartres, auquel ces recherches doivent infiniment & à tous égards.
M ANDRÉ, Bibliothécaire de M. Daguesseau, Doyen du Conseil d'Etat.
M. DE LA CURNE DE SAINTE PALAYE, ⎫
M. l'Abbé ARNAUD, ⎬ de l'Académie des Inscriptions & de l'Académie Françoise.
M. DE FONCEMAGNE, ⎪
M. DE BRÉQUIGNY, ⎭
M le Président de BROSSES, de l'Académie des Inscriptions, &c.
M. BAUZÉE, de l'Académie Françoise.
M. de KERALIO, Major de l'Ecole Royale Militaire.
M. DE LA GRENÉE, ancien Bibliothécaire de Saint Victor.
MM. BERGIER Freres.
M. de FLONCEL, de XXIV Académies d'Italie, &c. qui s'est formé une Bibliothéque de Livres Italiens, de 15000 Volumes.
M. l'Abbé MERCIER, Bibliothécaire de Sainte Génevieve.
M. CAPERONNIER, Professeur Royal en Grec & Bibliothécaire du Roy.
M. le Baron D'HOLBACH.
M. l'Abbé BAUDEAU, premier Auteur des Éphémérides du Citoyen.
M. GRIVEL, connu par divers Ouvrages intéressans.
M. le Chevalier de ROMANCES, Officier des Gardes Françoises.
M. de la SAUVAGERE, Chevalier de Saint Louis, de l'Académie de la Rochelle, &c.
M. l'Abbé RIBES, Bibliothécaire de M. le Duc de la Valliere.
M. DROMGOLD, Chevalier de Saint Louis.
M. Le Comte d'HAUTEFORT, Grand d'Espagne, &c.
M. l'Abbé le BLOND, de l'Acad. des Insc. & Sous-Bibliothécaire du Col. Mazarin

Et nombre d'autres dont j'ajouterois aussi les Noms ici, si je ne consultois que ma reconnoissance pour l'intérêt qu'ils prennent à cet Ouvrage & à son Auteur.

M. DESAINT, Libraire, que la mort a enlevé trop vîte à ses Amis, qui s'intéressoit vivement au sort de cet Ouvrage, & pour la mémoire duquel je conserverai toujours un précieux souvenir.

Omettrois-je que des Savans Etrangers, & sur-tout des Anglois, ont également aprouvé & favorisé mes Recherches : tels que

M. de la BROUE, Chapelain de LL. HH. PP. à Paris.
Mylord LOWTH, Evêque d'Oxfort, Auteur des Dissertations sur la

Poësie des Hébreux, qui ont trouvé en M. Michaélis un digne Commentateur.

M. DE MAJENDIE, Docteur & Prébendaire de Worchester, &c.

M. le Docteur MATY, Garde du Musée Britannique.

M. le Docteur SHARP, de la Société Royale, & de celle des Antiquaires que la République des Lettres vient de perdre, & qui jouissoit avec tant de justice d'une haute réputation.

Divers Savans de cette Nation y ont ajouté des présens en Livres Anglois, & même de leur composition, relatifs à ces Objets; tels que

M. le Docteur FRANKLYN de l'Académie Royale des Sciences.

M. le Docteur MORTON, de la Société Royale de Londres, &c.

M. Anselm BAYLY.

M. le Docteur PERCY.

Je dois des Observations très-judicieuses sur ce Plan Général à une Dame Angloise, Descendante du célèbre Chevalier COTTON.

Je pourois nommer aussi quelques Habitantes de Paris qui ont eu assez de complaisance pour écouter la lecture de mes Recherches sur les Objets les plus secs en aparence & les moins flatteurs, & au goût desquelles cet Ouvrage devra beaucoup.

J'ai eu encore l'avantage d'éprouver de la part de MM. les Artistes le même empressement & les mêmes facilités pour la portion de cet Ouvrage qui les concerne.

Un Concours aussi flatteur & aussi général ne peut qu'être du plus heureux augure pour le succès de l'Ouvrage dont nous donnons ici le Plan.

TABLE ANALYTIQUE
DU
PLAN GÉNÉRAL ET RAISONNÉ.

INTRODUCTION *page* 1
Difficulté des recherches sur l'Antiquité. 2
Aplanies par un lien commun. 3
En quoi ce lien consiste. 4
Facilités qu'il fournit. 5
Titre de l'Ouvrage qui en résulte & justification de ce titre. 7
DIVISION générale en deux CLASSES *ibid.*
I. CLASSE, relative aux MOTS. 8
divisée en X Objets. *ibid.*
I OBJET. PRINCIPES du Langage & de l'Ecriture. 9 *ibid.*
Analyse de l'Instrument Vocal. *ibid.*
Est la source 1°. immédiate des premiers mots & médiate des autres. 10
2°. de l'Ecriture. 11
L'Art Etymologique qui en résulte fondé sur des Loix invariables. 13
II. OBJET. GRAMMAIRE Universelle. 15
Ses Régles, immuables. *ibid.*
Sa définition. 16
Vœu de la Parole. 17
Parties du Discours & définition de chacune. *ibid.*
Remarques sur quelques unes, sur les Articles, les Pronoms, &c. & qu'il n'y a qu'un seul VERBE. 18
III. OBJET. DICTIONNAIRE PRIMITIF. 20
Ses Elémens, réels. *ibid.*
Aisés à aprendre. *ibid.*
Caracteres qu'ils réunissent. 21
Comment les mots y seront distribués. 22
Premier de ses mots, A. 23
Sa valeur comme Voix. *ibid.*
——— Comme Cri. *ibid.*
——— Comme Verbe 25
——— Comme Préposition 26
——— A la tête des Mots. *ibid.*
——— Comme Article. 27
——— Chez les Orientaux. *ibid.*
Usage qu'en fait CADMUS. 28

Sa forme. 29
IV. OBJET. Dictionnaire COMPARATIF. 30
Comment la Langue devint plusieurs. *ibid.*
De-là I°. Histoire des Langues. 32
Liste des Langues analysées ici. 33
2°. Dictionnaire Comparatif composé de FAMILLES de mots ; leur arrangement. 34
Utilité de ces Familles. *ibid.*
V. OBJET Dictionnaire Étymologique de la LANGUE LATINE. 36
Divisé en IV. Classes. *ibid.*
Son étude facilitée singuliérement par-là. *ibid.*
Étymologies des mots Latins 37
FŒMINA, Femme. *ibid.*
DELIRIUM, délire. *ibid.*
AUGUR, augure. 38
AVENA, avoine. *ibid.*
POST, après. 39
VI. OBJET. Dictionnaire Étymologique de la LANGUE FRANÇOISE. 40
Son utilité. *ibid.*
Pourquoi cet Ouvrage restoit à faire *ibid.*
Combien celui-ci est intéressant 41
Sa Division en plusieurs Classes. *ibid.*
Étymologie du mot LETTRE. *ibid.*
——— du mot ACADÉMIE. *ibid.*
Mots François venus du Latin. 42
Mots communs aux François & aux Grecs. 43
——— & aux Celtes. 44
——— & aux anciens Francs. 45
——— & aux Orientaux. *ibid.*
Mots composés par les François 47
VII. OBJET. Dictionnaire Étymologique de la LANGUE HÉBRAÏQUE. 48
Nouveauté d'un pareil Ouvrage. *ibid.*
L'Hébreu ne peut être la Langue primitive & pourquoi. *ibid.*
NOMS, seuls mots primitifs. 49

TABLE ANALYTIQUE.

Combien cette Langue deviendra aifée par cette méthode. *ibid.*
Exemple de mots Hébreux regardés mal-à-propos comme primitifs. 50
VIII. OBJET. Dictionnaire Étymologique de la Langue Grecque. 52
Son utilité. *ibid.*
Exemples de mots Grecs pris pour radicaux & qui font composés. *ibid.*
Racines Grecques qui font communes aux Celtes & aux Orientaux. 53
Mots Grecs regardés comme racines & qui font des dérivés. *ibid.*
Famille Grecque née du primitif MAR. 54
Calcul qui démontre le prodigieux retranchement à faire dans les prétendues Racines des Langues. 55
IX. OBJET. Dictionnaire Étymologique des Noms Propres & Apellatifs. 56
Aucun de ces noms impofé au hazard Tous fignificatifs dans la Langue où ils naquirent. *ibid.*
Points de comparaifon nécessaires pour rétablir leur valeur. *ibid.*
Ces Noms feront claffés par Familles fous les mots primitifs. 57
Utilité de ce Dictionnaire. *ibid.*
Origine du nom des CELTES *ibid.*
Origine du nom de PARIS. 60
X. OBJET. Bibliothèque Étymologique, ou des Auteurs relatifs à ces Objets. 62
Forme qu'elle aura: *ibid.*
Multitude d'Auteurs qu'on y verra. 63
Sur-tout de ce fiécle : & pourquoi il en fournit un auffi grand nombre. *ibid.*

II CLASSE.
Ouvrages relatifs aux CHOSES. 64
Divifés en II. Branches. *ibid.*

I. BRANCHE.
Antiquité Allégorique. *ibid.*
En quoi confifte & divifée en VI. Objets. 65
I. OBJET. Génie Symbolique & Allégorique de l'Antiquité. 66
Sa définition. *ibid.*
Donne le ton à l'Antiquité. *ibid.*
Néceffaire pour la connoître. 67
Comment rétabli ici. *ibid.*
II. OBJET. Mythologies & Fables Sacrées. *ibid.*

L'Allégorie y domine. *ibid.*
Elle en eft la clé, & y répand le plus vif intérêt. 68
Tableaux qui en réfultent, & qui en changent la face. 69
III. OBJET. Cosmogonies & Théogonies. 70
Pourquoi devenues obfcures. *ibid.*
Énumération de celles que l'on comparera & expliquera. *ibid.*
IV. OBJET. Peintures Symboliques & Blason. 71
Preuves de leur exiftence, chés les Anciens. *ibid.*
Comment ces Objets s'éclairciffent & fe claffent par cet enfemble. 72
V. OBJET. Doctrine Symbolique des Nombres. *ibid.*
Avoit été mal envifagée. *ibid.*
Vraie idée qu'on doit s'en former 73
Son utilité. *ibid.*
VI. OBJET. Dictionnaire des Hiéroglyphes & des Emblèmes, avec leurs Figures *ibid.*
C'eft le réfultat des Objets précédens. *ibid.*
Monumens qui y feront fondus. *ibid.*
Arrangement des Objets qu'il offrira. 74
Exemple pour ce Dictionnaire : deux Corneilles, Symbole du Mariage. *ibid.*
2º. de Mars & Venus. *ibid.*
Et pourquoi. 75
Formule qui en naquit chez les Grecs. *ibid.*

II. BRANCHE.
Antiquité Historique 76
Sa divifion en VIII. Objets. *ibid.*
Quatre Queftions qui les précédent. *ibid.*
1º. Nécefsité de l'analyfe des Langues pour éclaircir l'Hiftoire des Peuples. 77
2º. Si les Arts & les connoiffances de premier befoin dattent de l'enfance du Monde. 78
3º. Jufqu'à quel point ils avoient été portés dans la Langue primitive. 79
4º. Conduite opofée des Peuples à l'égard de l'Ordre naturel. 80
I. OBJET. Géographie. 81
Tous les Peuples venus de l'Afie. *ibid.*

TABLE ANALYTIQUE.

Contrées habitées à raison de leur fertilité. *ibid.*
II. OBJET. CHRONOLOGIE. *ibid.*
Comparaison de toutes les Chronologies : moyen sûr de les débrouiller. *ibid.*
Vues nouvelles sur celles des CHINOIS, des ÉGYPTIENS, des BABYLONIENS, &c. 82
III. OBJET. HISTOIRE. *ibid.*
Divisée en Tems communs à tous les Peuples, & Tems propres à chacun. *ibid.*
Clarté qui en résulte. *ibid.*
IV. OBJET. USAGES & MŒURS 83
Les mêmes chez tous les Anciens Peuples. *ibid.*
Peuples Primitifs avoient déjà très étendu le Dictionnaire des Mots figurés. *ibid.*
V. OBJET. DOGMES. *ibid.*
Leur connoissance nécessaire pour l'Histoire. *ibid.*
Leur origine & leur influence. 84
Leur raport chez les anciens Peuples. *ibid.*
VI. OBJET. LOIX AGRICOLES. *ibid.*
Entrent ici la premiere fois dans l'Histoire des Peuples & pourquoi. *ibid.*
Progrès des Anciens à cet égard. *ibid.*
VII. OBJET. CALENDRIER, FÊTES ET ASTRONOMIE. 85
Calendrier inventé pour les besoins des Hommes, & réglé sur la Nature. *ibid.*
Motifs des Fêtes. *ibid.*
Monuments relatifs à ces Objets. *ibid.*

Travaux d'Hercule. *ibid.*
Noms des Constellations. 86
Mercure & ses Symboles. *ibid.*
Noms des Planetes. *ibid.*
Périodes Astronomiques. *ibid.*
VIII. OBJET. ARTS. *ibid.*
Poësie, Peinture & Sculpture. *ibid.*
Musique, Danses sacrées, &c. 87
Monnoyes, Navigation, Verre, &c. *ibid.*
OBJETS détachés ou MISCELLANEA. *ibid.*
Antiquité mieux connue & sa Langue mieux entendue aujourd'hui qu'autrefois. 88
Traduction de divers Morceaux des Livres Hébreux. *ibid.*
De l'EDDA ou Mythologie du Nord. 89
D'ORPHÉE, d'HÉSIODE, &c. *ibid.*
Observations Critiques, &c. *ibid.*
Dissertations. *ibid.*

CONCLUSION.

I. ART. Utilité de ces Recherches. 90
Intérêt qu'on y trouvera. 92
II. ART. Certitude du succès de ces Recherches. 93
Motifs qui l'assurent. *ibid.*
On n'a cherché que la vérité. 96
Ce que doivent se proposer ceux qui honoreront ceci de leur Critique. *ibid.*
Ces Recherches destinées aux Jeunes Gens. 97
Et aux Dames. 98
Noms des PERSONNES qui ont aidé de leurs Bibliothéques, &c. l'Auteur; à PARIS. 99
Et d'ANGLETERRE. *ibid.*

FAUTES A CORRIGER.

P. 9. ligne derniere *lisez* touches.
P. 43. ligne trois *lisez* quatre.

P. 19. ligne quinze *lisez* Clefs, &c.

www.ingramcontent.com/pod-product-compliance
Lightning Source LLC
Chambersburg PA
CBHW070252100426
42743CB00011B/2231